누가 하나님의 사람인가

누가 하나님의 사람인가

1판 1쇄 펴냄 2023년 10월 30일

지은이 박경수
그린이 이근복
펴낸이 한종호
디자인 임현주
인쇄·제작 미래피앤피

펴낸곳 꽃자리
출판등록 2012년 12월 13일
주소 경기도 의왕시 백운중앙로 45, 2단지 207동 503호(학의동, 효성해링턴플레이스)
전자우편 amabi@daum.net
블로그 http://fzari.com

ISBN 979-11-86910-48-1 03230
값 16,000원

누가 하나님의 사람인가

그림으로 만나는 종교개혁자들의 숨결

박경수 글 | 이근복 그림

5

기억의 장소에서 나를 찾다 ———————

누구에게나 추억의 장소가 있습니다. 어린 시절 해맑게 뛰놀던 마당, 연인과 종종 함께 거닐던 골목, 꿈을 위해 최선을 다해 공부했던 도서관, 신혼여행으로 갔던 설렘 가득한 여행지 등 각자에게만 의미가 있는 장소가 있습니다. 역사에도 기억의 장소가 있습니다. 시대를 바꾼 혁명이 일어났던 광장, 수많은 목숨이 피 흘렸던 전장, 대의를 위해 같은 뜻을 세운 동지들이 머물렀던 건물 등 역사의 전환점이 되었던 장소가 있습니다.

역사는 공동의 기억입니다. 가족은 기쁘고 슬픈, 고통스럽고 행복한 기억을 공유할 때 비로소 끈끈한 가족이 됩니다. 백성은 함께 겪은 고난과 해방의 기억을 공유할 때 비로소 한 민족이 됩니다. 이런 공동의 기억은 세대를 뛰어넘어 그리고 시대를 초월하여 이어집니다. 이 작은 책은 교회 개혁을 위해 자신의 전부를 드려 헌신했던 개혁자들의 뜨거운 열정을 기억하게 하는 역사의 장소를 그림으로 담고 있습니다.

기억의 장소에 서면 지난 역사를 되새기게 됩니다. 내가 지금 어떤 자리에 서있는지 자신의 현주소를 살피게 됩니다. 그리고 내가 걸어가야 할 방향을 찾게 됩니다. 그 장소가 과거의 장소이면서 동시에 현재와 미래의 장소가 되는 것입니다. 과거·현재·미래라는 구분은 우리의 편의적 구분일 뿐이고, 시간은 연속성을 가집니다. 따라서 한 장소는 과거를 기억하고, 현재를 살피고, 미래로 나아가는 역할을 동시에 합니다. 구태여 '역사를 잊은 민족에게 미래는 없다'라는 격언이나 '온고이지신'温故而知新이라는 고사성어를 인용하지 않더라도, 이것이 우리가 역사의 장소를 기억해야 하는 이유입니다.

2016년 1월 크리스찬아카데미와 한겨레신문 공동기획으로 종교개혁 현장답사가 있었습니다. 당시 아카데미 원장이었던 이근복 목사님의 요청으로 필자가 답사에 동행하였습니다. 목사님과 한 방에서 두 주간 '동침'하면서 인격적으로 그리고 신앙적으로 참 많은 것을 배웠습니다. 그러다 우연히 루터가 1521-1522년 머물렀던 바르트부르크를 펜으로 세밀하게 그린 목사님의 그림을 보고 감동과 감탄을 했습니다. 사진보다 훨씬 따뜻한 느낌을 받았고, 세밀하게 그려낸 시간이 곧 기도의 시간이라는 생각이 들었습니다. 지금도 필자의 카카오톡 프로필 사진 1번으로 저장되어 있습니다.

이근복 목사님이 필자에게 국외의 개혁자들의 숨결이 묻어있는 기억의 장소를 자신이 그림으로 그리고 필자가 글로 설명하는 작업을 공동으로 하자고 제안했습니다. 목사님의 제안이었기에 기쁜 마음으로 함께 하였습니다. 본서는 두 사람의 공동의 기억과 고백의 열매입니다. 이 책의 알맹이는 그림입니다. 글은 그림을 묵상하는 데 보조 역할을 할 뿐입니다.

이 책에 담긴 그림과 글은 2021년 10월부터 2023년 2월까지 「복음과상황」에 '묵상스케치: 개혁신앙의 뿌리'라는 이름으로 16회 연재되었던 것에, 이근복 목사님이 그때 소개하지 못했던 다른 장소의 그림과 해설을 추가로 덧붙인 것입니다. 그림을 보고 있노라면 바른 교회에 대한 고민과 사랑이 고스란히 느껴집니다. 함께할 수 있는 기회를 주신 이근복 목사님께 진심으로 감사드립니다.

요즘처럼 출판 사정이 좋지 않은 때에, 좋은 뜻을 알고 기꺼이 책을 펴내 주신 꽃자리출판사 한종호 대표님께 감사드립니다. 이 작은 책을 '보고' '읽는' 독자들의 마음에 큰 울림이 있기를 바랄 뿐입니다.

2023년 10월 종교개혁 주간에
박경수

피에르 발도

1140-1205

샹포랑대회 기념비

발도파는 1215년 제4차 라테란 공의회((Lateran council)에서 정죄받았지만 프랑스 뤼베롱지역과 이탈리아 피에몬테 지역으로 피신하며 꿋꿋하게 자신들의 신앙을 지켜나갔다. 1526년 발도파는 라우스(Laus) 대회에서 새롭게 일어나는 개혁운동을 조사하기 위해 여러 도시로 사절단을 파송하기로 결정하였고, 그 결과 1532년 개혁교회의 신앙에 동참하기로 결정하였다. 이에 따라 스위스와 프랑스의 개혁교회는 1532년 9월 12일 소집된 발도파의 샹포랑(Chanforan) 대회에 기욤 파렐(Guillaume Farel)과 앙투안 소니에(Antoine Saunier)를 파송하였다. 그 결과 이 대회를 통해 발도파는 자신들의 신앙고백을 공식화하였고, 공개적으로 예배할 것을 결의하였다. 이 기념비는 1932년에 샹포랑대회(1532년) 400주년을 기념하여 세운 것이다.

Pierre Waldo

하나님이냐, 맘몬이냐

피에르 발도는 종교개혁의 선구자이다. 종교개혁의 주창자 루터보다 350년 앞서, '종교개혁의 새벽별'이라 불리는 위클리프보다 200년 앞서서 중세 로마가톨릭교회에 개혁을 요구하고 '오직 성서'라는 원리를 확립한 인물이다. 로마가톨릭의 교권이 절정에 달했던 12세기, 프랑스 리옹 출신인 발도는 맘몬에 사로잡힌 교회를 비판하면서 자발적 가난을 선택했다. '하나님이냐, 맘몬이냐'는 선택의 갈림길에서 머뭇거림 없이 하나님 편을 택했다. 그는 부유한 상인이었지만 모든 재산을 가난한 사람들에게 나누어주며 예수를 따르는 제자도의 모습을 보여줬고, 자연스럽게 그를 따르는 무리가 생겨났다. 이들을 '리옹의 가난한 자들' 혹은 '발도(왈도)파'라 불렀다.

독일 보름스에 있는 '종교개혁자 기념공원'을 방문하면 한가운데 루터가 우뚝 서있고, 그 아래 루터를 둘러싸고 네 사람이 앉아있다. 이들은 종교개혁의 길을 예비한 선배들이다. 시대 순으로 발도, 위클리프, 후스, 사보나롤라가 그 주인공이다. 그 중 가장 대선배인 사람이 바로 발도다.

[그림1]에 있는 발도의 모습을 자세히 보면 해어진 옷과 구멍 난 신발이 눈에 들어온다. 전대도, 두 벌 옷도, 여유분의 신발도 없이 주님을 위한 가난을 스스로 택했던 발도의 정신을 고스

[그림1] 피에르 발도는 종교개혁의 선구자이다. 종교개혁의 주창자 루터보다 350년 앞서, '종교개혁의 새벽별'이라 불리는 위클리프보다 200년 앞서서 중세 로마가톨릭교회에 개혁을 요구하고 '오직 성서'라는 원리를 확립한 인물이다.

란히 보여준다. 우리는 흔히 아시시의 성자 프란체스코를 '가난의 사도'라 칭송하지만, 사실 프란체스코보다 40년이나 먼저 자발적 가난의 이상을 품고 주의 사도로 살았던 인물이 바로 발도다. 발도파는 복음을 뒷전으로 제쳐두고 탐욕에 빠져 허우적거리던 당시의 로마교회에 너무나 불편하고 성가신 존재였다.

[그림1]에서 발견할 수 있는 또 다른 특징은 발도가 성서를 들고 가리키는 모습이다. 발도는 성서를 자국어인 프랑스어로 번역한 최초의 인물이다. 중세 천년 동안 로마가톨릭교회는 오로지 히에로니무스가 번역한 라틴어 불가타 성서만을 고집했다. 라틴어 외에 다른 언어로 성서를 번역하는 일을 이단적 행위로 규정했다. 그러나 평범한 사람들은 라틴어를 읽지도 이해하지도 못했다. 발도는 하나님의 말씀을 누구든지 읽을 수 있어야 사람들이 그 뜻대로 살 수 있다고 믿었기에, 자신이 살고 있던 프랑스 남부 방언으로 신약성서를 번역하였다. 이후 교회개혁에 투신한 인물들, 즉 위클리프, 후스, 루터, 츠빙글리는 발도의 후예답게 모두 자국어로 성서를 번역하였다. '오직 성서'와 '만인제사장설'이 종교개혁의 중심 원리라면, 이것을 가장 먼저 실천적으로 보여준 선구적 인물이 바로 발도다.

발도파는 교회의 안일과 향락을 비판하고 누구든지 성서를 읽고 가르치고 실천할 수 있어야 한다고 주장했다. 로마가톨릭의 교권주의자들에게는 도저히 수용할 수 없는 것이었다. 1215년 교황 인노켄티우스 3세는 제4차 라테란교회회의에서 발도

[그림2] 프랑스 남쪽 뤼베롱 산악지역에 위치한 메랭돌이라는 작은 마을의 산성. 16세기에 들어오면서 뤼베롱 지역에서는 발도파를 투옥, 고문, 화형시키는 일이 벌어졌다. 1545년 메랭돌을 비롯한 주변 마을에 피신해 있던 발도파 교인 최소 3,000명 이상이 학살당하였다. 이 산성에 올라가면 발도파 신자들이 게시해놓은 명판이 있다. "1545년 4월 18일, 왕의 군대에 의해 메랭돌 마을이 불타고 파괴되었다. 이탈리아, 프랑스, 독일에서 온 발도의 후예들이 1978년 이 현장에 발도파 기념 명판을 게시한다. '용서하되 잊지는 말자.'"

파를 이단으로 규정했고, 그때부터 발도파에 대한 모진 박해가 이어졌다. 발도파는 박해를 피해 알프스 산악으로 몸을 숨길 수밖에 없었다. 발도파는 권력의 중심인 파리에서 가장 멀리 떨어진 프랑스 남부 지역의 산으로 몸을 피했다.

[그림2]는 프랑스 남쪽 뤼베롱 산악지역에 위치한 메랭돌이라는 작은 마을의 산성이다. 16세기에 들어오면서 뤼베롱 지역에서는 발도파를 투옥, 고문, 화형시키는 일이 벌어졌다. 1545년 메랭돌을 비롯한 주변 마을에 피신해 있던 발도파 교인 최소 3,000명 이상이 학살당하였다. 제네바의 종교개혁자 칼뱅은 이 소식을 듣고 선배 파렐에게 보낸 편지에서 "박해자들이 얼마나 야만적이며 잔인했던지, 나는 그 생각을 할 때면 혼란에 빠지게 됩니다. 아! 무슨 말로 이 당혹감을 표현할 수 있겠습니까?"라고 썼다. 오늘날 그리 높지 않은 산성에 올라가면 발도파 신자들이 게시해놓은 명판이 있다.

"1545년 4월 18일, 왕의 군대에 의해 메랭돌 마을이 불타고 파괴되었다. 이탈리아, 프랑스, 독일에서 온 발도의 후예들은 1978년 이 현장에 발도파 기념 명판을 게시한다. '용서하되 잊지는 말자.'"

필자는 두 차례 메랭돌 산성을 방문했는데, 발도파 순교자들의 역사 앞에서 가슴 먹먹했던 기억을 잊을 수가 없다.

박해 속에서 지킨 믿음

피에르 발도의 정신을 따른 발도파는, 자국어로 성서를 번역하여 가르치고 자발적 가난을 실천한다는 이유로 로마가톨릭의 교권에 의해 정죄당하고 쫓기는 이단자의 삶을 살아야만 했다. 1215년 이단으로 정죄된 후 800년이 넘는 세월을 견디며 지금까지 살아남았다는 사실이 놀랍기만 하다. 한겨울 폭풍한설을 견디고 핀 꽃처럼, 모진 박해 속에서 지킨 믿음이었다.

이탈리아 피에몬테 주에 있는 작은 산골마을 토레펠리체는 발도파가 신앙을 지키고자 몸을 피한 은신처였다. 피에몬테의 주도인 토리노에서 남서쪽으로 60킬로미터 정도 떨어진 조용한 산악 지대로, 사람들 눈을 피하여 숨어 지내기에 안성맞춤인 장소였다. 지금도 그곳에는 발도파의 역사를 고스란히 볼 수 있는 흔적들이 그대로 남아있다.

당시 발도파는 로마교회의 감시를 피해 산 위로 올라갈 수밖에 없었다. 지금도 꼬불꼬불한 산길로 차를 타고 한참 올라가야 발도파의 역사와 만날 수 있다.

[그림3]은 발도파가 자녀들을 복음으로 가르치기 위해 세운 학교이다. 그들은 자녀들을 바른 신앙으로 가르치지 못하면 신앙의 대(代)가 끊어지고 말 것임을 알았기에, 그토록 혹독한 환경

[그림3] 발도파가 자녀들을 복음으로 가르치기 위해 세운 학교. 그들은 자녀들을 바른 신앙으로 가르치지 못하면 신앙의 대가 끊어지고 말 것임을 알았기에, 그토록 혹독한 환경 속에서도 자녀들의 신앙교육에 최우선 관심을 두었다.

속에서도 신앙교육에 최우선 관심을 두었다. 교육을 통해 세대를 이어가며 성서 말씀에 기초한 믿음을 굳게 붙들고 수백 년을 버텨온 것이다. 다음 세대 신앙교육의 위기를 맞은 한국교회가 미래를 위해 깊이 생각해야 할 교훈이다.

1655년 4월 24일, 로마가톨릭의 사보이 공작이 토레펠리체를 비롯하여 피에몬테주에 있는 발도파 신자 수천 명을 끔찍하게 죽인 '피의 부활절 학살'이 벌어졌다. 발도파는 로마가톨릭으로 개종하라는 요구에 맞서 끝까지 저항하였다. 조수아 자나벨Joshua Janavel이 이끈 불굴의 전사들이 펼친 저항운동은 발도파 역사의 전설이 되었다. 유럽의 개신교 국가들은 박해받는 발도파를 구하기 위해 선박을 보내고, 금식기도와 모금활동을 펼치며, 군대파견까지 검토하였다. 영국의 문호 존 밀턴은 〈최근 피에몬테에서 일어난 학살〉이라는 시를 통해 "그들을 잊지 마시고 당신의 생명책에 그들의 신음소리를 기록해주소서. … 그들이 피에 굶주린 자들에 의해 학살되었나이다. … 순교자의 피와 재가 뿌려졌나이다"라며 울부짖었다. 발도파가 자신의 신앙 때문에 겪어야만 했던 고난의 역사는, 오늘 편안하게 넓은 길과 양지로만 다니는 그리스도인은 결코 이해할 수 없을 것이다.

[그림4]는 토레펠리체에 있는 발도파 교회이다. 피에몬테의 발도파는 1848년에 이르러서야 비로소 종교의 자유와 시민

[그림4] 토레펠리체에 있는 발도파 교회. 피에몬테의 발도파는 1848년에 이르러서야 비로소 종교의 자유와 시민의 권리를 인정받을 수 있었다. 1853년 토리노에 발도파 교회가 세워지면서, 이제 발도파도 자신의 신앙을 공개적으로 고백하며 예배할 수 있게 되었다. 이들이 공개적으로 자신들의 교회에서 예배했을 때 그 감격이 어떠했을지 생각하면 가슴이 두근거린다. 토레펠리체의 교회 출입문 위에는 빛을 밝히는 촛대와 "빛이 어둠에 비칩니다"(Lux Lucet in Tenebris)라는 발도파의 신조가 적혀있다.

동굴교회 입구

이탈리아 북부 피에몬테에 토레 펠리체(Torre Pellice, Piemonte)라는 작은 마을이 있다. 그곳에는 알프스산맥 남쪽 해발 1,000미터에 로마가톨릭교회의 박해를 피해 신앙생활을 이어간 발도파의 흔적들이 있다. 그 대표적인 유적이 산 속에 있는 동굴교회다. 산길로 10여분 걸어가면 바위틈에 동굴교회의 작은 입구가 있다. 발도파 신자들이 감시를 피해 숨어 예배드리던 이곳은 눈에 띄지 않아서 그냥 지나치기 쉬운 곳이다. 이 그림이 동굴교회 입구 모습이다.

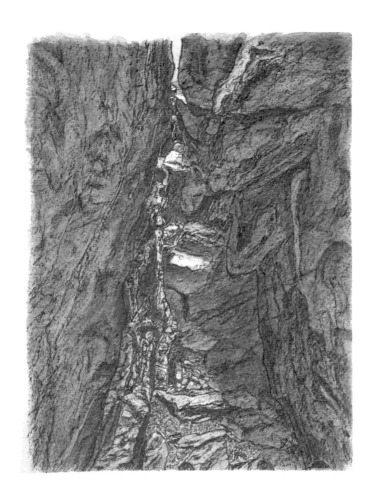

동굴교회 안

허리를 바짝 숙이고 바닥의 바위에 손을 짚고 안으로 들어가면 캄캄하기 그지없다. 온통 바위로 둘러싸인 동굴교회에는 오로지 하늘로 뚫린 한 작은 공간을 통해 가는 빛이 들어올 뿐이다. 밀착하여 앉고 일어서도 최대 20여명이 모일 수 있는 공간이다. 여기서 숨죽이며 정성을 다해 예배한 순전한 신앙을 가진 발도파 교우들을 생각하면 가슴이 벅차오른다.

기념박물관

2015년 6월 22일 프란체스코 교종이 피에몬테의 토리노에 있는 교회를 방문하여 과거 로마가톨릭교회가 저지른 잘못을 사죄하고 화해를 청하였다. 1215년 발도파가 이단으로 정죄를 받아 피어린 고난의 길을 걸어온 지 800년 만에 일어난 사건이다. 이날 발도파 지도자는 교종에게 성서 한 권을 선물했다. 일찍이 최초로 자국어로 성서를 번역하고 하나님 말씀이 교회나 교종의 가르침보다 더 위에 있다고 주장하여 박해를 받았으니 성서 선물은 뜻깊은 것이었다. 그런데 프란체스코 교종의 아버지와 조부모의 고향이 바로 토레펠리체가 있는 피에몬테이니, 그가 발도파의 영적 영향을 받았다고 추측할 수 있다. 이 기념박물관은 학살현장인 프랑스 남부의 메랭돌(Merindol)에 있다.

누가 하나님의 사람인가

의 권리를 인정받을 수 있었다. 1853년 토리노에 발도파 교회가 세워지면서, 이제 발도파도 자신의 신앙을 공개적으로 고백하며 예배할 수 있게 되었다. 이들이 공개적으로 자신들의 교회에서 예배했을 때 그 감격이 어떠했을지 생각하면 가슴이 두근거린다. 토레펠리체의 교회 출입문 위에는 빛을 밝히는 촛대와 "빛이 어둠에 비칩니다"Lux Lucet in Tenebris라는 발도파의 신조가 적혀있다. 참으로 그들은 빛이신 예수께서 기꺼이 어두운 세상 속으로 들어오셨듯이, 캄캄한 세상 안에서 복음의 빛으로 살기를 소원한 사람들이었다.

오늘날 발도파 교회는 세계개혁교회연맹WCRC, 세계감리교연합WMC, 세계교회협의회WCC에 속한 회원 교단으로서 피에몬테를 비롯한 이탈리아에 25,000명 정도, 아르헨티나와 우루과이 등에 15,000명 정도가 흩어져 자신들의 신앙을 이어가고 있다. 비록 발도파가 교세는 작을지 모르지만 그 영향력으로 보자면 종교개혁운동의 선구자요, 고난 가운데서도 담대한 신앙으로 세상을 이긴 '세상이 감당할 수 없는 사람들'이 아닌가! 박해 속에서 지켜낸 아름다운 발도파의 신앙은 진정한 제자도discipleship가 무엇인지 곰곰이 생각하게 한다.

얀 후스

1372-1415

고향동상

얀 후스가 태어난 고향 후시네츠(Husinec)는 보헤미아 남쪽의 작은 시골 마을로 그의 부모는 빈농이었다. 당시에는 귀족 가문 출신이 대학교수나 신학자가 되었기에 후스는 소위 '개천에서 난 용'이었던 것이다. 후스를 무척 아꼈던 어머니는 구약성서 사무엘 선지자의 어머니 한나처럼 아들 후스에게 기도를 가르치는 일을 게을리 하지 않았다. 후스는 13세에 라틴어학교에 입학하고 5년 후인 1390년, 사제가 되기 위해 프라하대학에 들어가 문학석사 학위를 받은 후 철학부에서 강의하면서 박사과정을 밟아 1402년에 학위를 취득하였다. 후스는 1415년 7월 6일, 화형에 처해질 때 사형 집행인에게 이렇게 말했다고 전해진다. "당신들은 지금 거위(체코어로 후스는 '거위') 한 마리를 불태우지만 한 세기가 지나면 태우지도 끓이지도 못할 백조를 만나게 될 것이다." 그의 예언대로 100년 후 백조 마르틴 루터가 등장하였다. 고향의 동상은 프라하의 강인한 느낌을 주는 동상과는 달리, 모자를 쓰고 성경책을 들고 서 있는 모습이 조용한 시골과 잘 어울린다.

Jan Hus

화형 장작더미 앞에서도 복음의 진리를 외치다

프라하 구시가지 광장 한복판에는 체코의 개혁자 얀 후스 (c.1371-1415)를 기념하는 동상이 위풍당당하게 자리 잡고 있다.(그림1) 후스는 루터보다 한 세기 먼저 태어나 로마가톨릭교회의 개혁을 요구하다 화형을 당한 순교자이다. 그는 프라하 대학에서 학사와 석사 공부를 했고, 이후 프라하 대학의 신학부 학장으로서 가르치기도 하였다. 후스는 일찍이 '종교개혁의 새벽별'이라 불리는 잉글랜드의 존 위클리프(c.1320s-1384)에게 깊은 영향을 받아, 로마가톨릭교회가 근본으로부터 개혁되어야 한다는 확신을 가지고 있었다. 후스는 자신의 주저인 『교회』에서 교회의 머리는 교황이 아니라 그리스도이며, 교회의 기초인 반석 또한 로마 교황이 아니라 그리스도임을 역설하였다. 이 확신이 후스로 하여금 복음의 대변인, 교회개혁의 주창자가 되도록 이끌었다. 결국 그는 1415년 7월 6일 로마가톨릭교회 콘스탄츠공의회의 결정에 따라 순교자의 면류관을 쓰게 되었다.

[그림1] 후스 기념 동상은 라디슬라프 샬로운Ladislav Saloun의 작품이다. 후스가 순교의 제물이 된 지 정확히 500주년이던 1915년 7월 6일 대중에게 공개되었다. 비탄에 빠진 체코 민중들 사이에 우뚝 서있는 후스는 체코 민족의 자부심이다. 지금도

[그림1] 체코 민중들 사이에 우뚝 서 있는 후스는 체코 민족의 자부심이다. 지금도 체코는 후스의 순교일을 국가 공휴일로 지키고 있다. 거짓과 불의 앞에서 끝까지 진리를 외치며 당당하게 순교한 후스의 용기와 기상이야 말로 체코인들의 가슴에 영원히 살아있는 사표(師表)이다. 기념조형물의 전면 아래에는 후스가 콘스탄츠 감옥에서 보낸 편지에 적힌 한 구절이 새겨져 있다. "서로 사랑하십시오. 그리고 모든 사람에게 진리를 요구하십시오."

체코는 후스의 순교일을 국가 공휴일로 지키고 있다. 거짓과 불의 앞에서 끝까지 진리를 외치며 당당하게 순교한 후스의 용기와 기상이야말로 체코인들의 가슴에 영원히 살아있는 사표師表이다. 기념조형물의 전면 아래에는 후스가 콘스탄츠 감옥에서 보낸 편지에 적힌 한 구절이 새겨져 있다. "서로 사랑하십시오. 그리고 모든 사람에게 진리를 요구하십시오." 후스는 사도신경을 해설하면서, "경건한 그리스도인이여! 그대는 진리를 찾아 나서고, 진리를 듣고, 진리를 배우고, 진리를 사랑하고, 진리를 말하고, 진리를 지키고, 죽기까지 진리를 증언하십시오"라고 권면한다. 후스는 복음의 진리를 지키는 좁고도 험한 길을 걸었고, 화형 장작더미 앞에서도 복음의 진리를 당당하게 외친 종교개혁의 선구자였다.

[그림2]는 프라하에 있는 베들레헴 채플이다. 후스는 1402년 베들레헴 채플의 설교자로 임명된 후 10여 년 동안 바로 여기에서 3,000번 이상 설교하였다. 이곳에서 후스는 로마교회가 강요하는 라틴어가 아닌 민중들이 사용하는 체코어로 설교하였고, 체코어로 기도하였으며, 체코어로 된 찬송을 만들어 함께 찬양하였다. 그뿐 아니라 로마교회가 성찬에서 빵만 나누어주는 것을 비판하고, 빵과 함께 포도주를 분배하였다. 이후 포도주의 잔은 후스를 따르는 사람들의 상징이 되었다. 채플 내부 벽면에는 설교하는 후스, 체코어 회중찬송, 화형을 당하는 후

[그림2] 프라하에 있는 베들레헴 채플. 후스는 1402년 베들레헴 채플의 설교자로 임명된 후 10여 년 동안 바로 여기에서 3,000번 이상 설교하였다. 이곳에서 후스는 로마교회가 강요하는 라틴어가 아닌 민중들이 사용하는 체코어로 설교하였고, 체코어로 기도하였으며, 체코어로 된 찬송을 만들어 함께 찬양하였다. 뿐만 아니라 로마교회가 성찬에서 빵만 나누어 주는 것을 비판하고, 빵과 함께 포도주를 분배하였다. 이후 포도주의 잔은 후스를 따르는 사람들의 상징이 되었다.

스의 모습 등이 그려져 있다. 그리고 채플 한쪽에는 후스 순교 600주년이던 2015년 7월 6일 기념예배를 드리면서 타종했던 종이 걸려있다. 그 앞에 서면 우리의 양심을 울리는 소리, 타성에 젖은 신앙에 경종을 울리는 소리가 귀에 선명하게 들리는 것 같다.

후스는 죽었지만 후스의 정신을 따르는 사람들은 죽지 않았다. 후스가 찾고, 지키고, 따르고자 했던 진리를 위해 모여든 사람들, 곧 후스파가 생겨났다. 그들 또한 스승인 후스처럼 모진 박해를 당했지만 굴하지 않고 복음의 진리 안에 거하고자 하였다. 15세기의 보헤미아 형제단이나 18세기의 모라비아 형제단도 후스의 정신을 따라 진리의 길을 걷고자 했던 사람들이었다. 지금도 후스의 정신을 따라 살고자 몸부림치는 수많은 사람들이 있다.

빨간 뾰족 지붕의 도시 프라하, 백탑의 도시 프라하, 카프카·모차르트·드보르작·스메타나를 매혹시킨 예술의 도시 프라하는 유럽에서 가장 매력적인 도시 중 하나이다. 그러나 후스를 모른다면 프라하를 온전히 본 것도, 경험한 것도 아니다. 프라하 구시가지 광장에 우뚝 서있는 후스, 베들레헴 채플에서 목청 높여 진리를 외치는 후스를 만나는 일이야말로 프라하를 진정으로 경험하는 또 다른 방법이다.

진리는 결코 사라지지 않는다

얀 후스의 생애 마지막 장면을 보고 싶다면 스위스 국경과 맞닿아있는 독일 남부의 도시 콘스탄츠를 방문해야 한다. 후스를 재판했던 로마가톨릭의 교회회의가 열렸던 장소, 후스가 감금되어있던 곳, 후스가 화형당한 곳에 세워져 있는 기념석記念石 등에서 후스의 당당한 외침과 의연한 죽음을 떠올릴 수 있다.

　후스의 개혁운동이 점차 확산되자 로마가톨릭교회는 후스를 이단으로 정죄하고 콘스탄츠공의회로 그를 소환하였다. 교황과 황제가 후스의 목숨은 해치지 않을 것이라고 약속했지만, 그 앞에 나서는 것은 위험천만한 일이었다. 그럼에도 불구하고 후스는 진리를 증언할 기회를 얻기 위해 그 먼 길을 마다하지 않고 콘스탄츠로 향했다. 황제와 교황을 비롯한 로마가톨릭의 권력자들 앞에 당당하게 서있는 후스의 모습을 떠올리면 가슴이 두근거린다. 후스는 성경만이 진리의 원천이며, 예수 그리스도만이 교회의 머리라고 외쳤다. 진리 편에 선 한 사람을 당하지 못한 로마교회는 후스를 옥에 가두었다. [그림3]은 후스가 갇혀있었던 바로 그 장소이다. 지금은 콘스탄츠 보덴호수를 전경으로 하는 고급스러운 호텔Steigenberger Inselhotel로 탈바꿈했다. 후스의 생명을 보장하겠다는 약속은 지켜지지 않았고, 결국 후스는 1415년 7월 6일 콘스탄츠공의회 결정에 따라 화형에 처해졌다.

Hus im Inselthurm 1414

누가 하나님의 사람인가

[그림3] 후스가 갇혀 있었던 장소(콘스탄츠). 지금은 콘스탄츠 보덴 호수를 전경으로 하는 고급스러운 호텔(Steigenberger Inselhotel)로 탈바꿈했다. 후스는 성경만이 진리의 원천이며, 예수 그리스도만이 교회의 머리라고 외쳤다.

[그림4] 후스의 순교를 기억하기 위해 그가
화형당한 장소에 놓여 있는 기념석, 일명 '후
스의 돌'이다.

누가 하나님의 사람인가

[그림4]는 후스의 순교를 기억하기 위해 그가 화형당한 장소에 놓여 있는 기념석, 일명 '후스의 돌'이다. 콘스탄츠가 독일의 도시이기 때문에 독일식으로 요하네스 후스라고 적혀있고, 아래에 그가 죽임을 당한 날짜가 적혀있다. 뒷면에는 이듬해인 1416년 5월 30일 같은 장소에서 화형당해 순교한 후스의 절친 프라하 출신의 히에로니무스의 이름이 적혀있다. '후스의 돌'에서 가까운 거리에는 후스 기념비와 후스 박물관이 있어, 그의 정신을 기억하고 그와 함께 진리를 따르려는 사람들의 발걸음이 이어지고 있다.

후스는 죽었지만 그가 주창했던 교회개혁의 열정은 사라지지 않았다. 체코 남부 보헤미아 주의 작은 도시인 타보르^{Tábor}는 후스 사후 후스파 저항운동의 근거지가 되었다. 성경에 나오는 다볼산과 같은 이름의 도시 타보르는 1420년 후스파 내 과격파가 건설한 군사적 요충지로 '진지'陣地라는 뜻을 지니고 있다. 복음서(마태복음 17장; 마가복음 9장; 누가복음 9장)에 나오는 변화산이 곧 다볼산으로 추측되는 것처럼, 타보르^{Tabor}는 현실사회의 변화를 희망하는 후스파의 꿈과 비전이 담겨있는 곳이다.

[그림5]는 타보르 시청사와 광장의 모습이다. 광장의 이름은 얀 지스카^{Jan Ziska} 광장이다. 지스카는 후스파의 지도자로 후스 이후 로마가톨릭교회에 맞서 무장투쟁을 이끌었던 애꾸눈 장군이다. 광장에는 한쪽 눈을 안대로 가리고 남은 한쪽 눈으로

[그림5] 타보르 시청사와 얀 지스카(Jan Ziska) 광장. 지스카는 후스파의 지도자로 후스 이후 로마가톨릭교회에 맞서 무장투쟁을 이끌었던 외눈 장군이다. 광장에는 한쪽 눈을 안대로 가리고 남은 한쪽 눈으로 타보르를 매서운 눈으로 내려다보고 있는 지스카 장군의 석상이 당당하게 서있다.

누가 하나님의 사람인가

타보르를 매서운 눈으로 내려다보고 있는 지스카 장군의 석상이 당당하게 서있다. 지스카 장군의 지도력으로 인해 절대적 열세의 후스파가 로마가톨릭의 군대에 맞서 여러 차례 대승을 거둘 수 있었다. 시청사 안에는 후스의 종교개혁과 지스카의 투쟁의 역사를 한눈에 볼 수 있는 다양한 미니어처와 모형들이 전시되어 있는 후스 박물관이 있다. 박물관에서 연결되는 지하터널은 타보르 여행의 백미이다. 지스카 광장 아래에 있는 지하터널은 전쟁 시에는 방공호와 피난처로, 평상시에는 쉼터이자 저장고로 사용되었는데, 그 길이가 무려 12킬로미터에 이르고, 깊이는 3층 높이로 대략 15미터에 달한다.

16세기 종교개혁자 발타자르 후프마이어가 말한 것처럼, "진리는 결코 사라지지 않는다." 후스는 죽었지만, 후스가 외친 진리는 살아서 후스파에게로 이어졌고 지금 우리의 가슴 속에 오롯이 남아있다. 거짓과 진리 앞에서 선택해야 하는 순간 우리는 무엇을 따를 것인가? 바울은 우리에게 말한다. "우리는 진리를 거슬러 아무것도 할 수 없고 오직 진리를 위할 뿐이다."(고린도후서 13:8) "진리를 알지니 진리가 너희를 자유롭게 하리라."(요한복음 8:32) 말씀하신 주님의 말씀을 붙들고 그 길을 의연하게 걸어보자.

크라코베츠성

1412년에 파문당한 후스는 망명길에 올라 1414년 7월, 서부 보헤미아의 크라코베츠 (Krakovec)로 갔다. 여기서 복음을 전하다가 3개월 후 이곳을 떠났다. 1414년 신성로 마제국 황제 지기스문트(Sigismund)가 독일 콘스탄츠(Konstanz) 공의회에 후스를 소환 하였다. 후스는 황제로부터 신변안전을 보장받고 콘스탄츠로 향했다. 10월 11일 출발해 11월 3일 도착했지만, 11월 28일 추기경의 명령으로 도미니칸 수도원 지하 감옥에 갇 혔다. 코라코배츠성에 잠시 머물렀지만 교황과 로마 가톨릭의 반성서적인 행태에 대해 끝까지 진리를 위해 싸워야겠다는 의지를 불태운 것이다. 이 크라코베츠성은 돌과 적벽 돌, 황토를 건축의 주재료로 사용하여 축성한 건축물이다. 바로 여기에 유럽 종교개혁의 불씨가 되었던 보헤미아의 순교자 안 후스의 체취가 남아 있다.

콘스탄츠 감옥

당시 후스가 갇혀 있던 감옥이었지만, 지금은 호텔(슈타인베르거 인젤호텔)로 바뀐 건물 뒤편에 후스가 갇혀 있었던 작은 공간이 돌출되어 있다. 보덴호수의 찰랑거리는 잔물결 소리를 들으면 후스는 이렇게 기도했을 것이다. "전능하신 주님, 당신은 길이요, 진리요 생명이십니다. 주님은 알고 계십니다. 당신 안에서 오늘을 걷고 사는 사람이 얼마나 적은지, 겸손, 가난, 순결, 성실, 인내로 머리이신 당신을 닮고자 애쓰는 사람이 얼마나 적은지, 사단의 길은 활짝 열려 있고, 많은 사람들이 거기로 걸어갑니다. 주님, 당신의 연약한 양 떼를 도우소서. 그리하여 당신을 떠나지 아니하고, 이 세상 끝 날까지 좁은 길로 당신만 따라가게 하소서."(얀 후스 저서 『교회』에서)

마르틴 루터

1483-1546

루터 참나무

로마 교황은 1520년 11월에 루터를 정적하고 파문교서를 공표했다. 한 달 뒤 12월 10일, 이른 아침에 루터는 동료교수들과 학생들 앞에서 이렇게 연설하며 파문을 위협하는 교황 레오 10세의 교서(파문칙서), 교회법전, 교령집, 스콜라 신학서적 등을 불태웠다. "네가 주님의 거룩한 자(그리스도)를 기만했기 때문에, 네가 하나님의 진리를 혼란스럽게 만들었기 때문에 너를 영원히 불살라버린다." 이 엘스터 성문 앞은 페스트가 창궐했을 때 병균을 박멸하기 위해 물품들을 태우던 장소였다는 점이 시사적이다. 이 사건이 유럽전역에 종교개혁을 일으키는 신호탄이 되었다. 역사적인 사건을 기념하기 위해 '참나무'(The Luther Oak)를 심었는데, 지금의 이 참나무는 1830년에 심은 것이다.

Martin Luther

[그림1] 루터는 1505년부터 1511년 비텐베르크로 떠나기까지 에르푸르트의 수도원에서 살았다. 그곳은 루터가 '어떻게 해야 나의 양심이 죄로 인한 고통으로부터 자유로울 수 있을까?'하는 문제를 안고 영적 불안과 고민을 하며 몸부림쳤던 영혼의 고향 같은 곳이었다. 수도원은 현재 에르푸르트에서 가장 오래된 역사적 건물이다. 이 건물은 2017년 루터의 종교개혁 500주년을 맞아 수도원의 옛 건물과 연결하여 새롭게 건축한 부분이다

나의 양심은 하나님의 말씀에 붙들려 있습니다

체코의 교회 개혁자 후스가 설교했던 베들레헴 채플에 의미심장한 그림이 걸려있다. 그림을 보면 위쪽에 존 위클리프가 부싯돌로 불꽃을 일으키고 있고, 중간에 얀 후스가 초를 켜고 있으며, 아래쪽에 마르틴 루터가 횃불을 들고 있다. 이는 위클리프의 개혁정신이 후스를 거치면서 확산되고 루터에 이르러서 마침내 환하게 세상을 비추었음을 상징적으로 보여준다. 루터의 종교개혁은 하나님의 "때가 차매" 일어난 교회 개혁을 염원하는 외침이요, 어두운 세상을 밝히는 횃불이었다.

1483년 독일 아이슬레벤에서 태어난 루터는 아이제나흐에서 중고등학교 시절을 보낸 후 1501년 에르푸르트대학에 진학했다. 법률가를 꿈꾸던 루터가 1505년 7월 17일 돌연 에르푸르트 아우구스티누스회 수도원의 문을 열고 들어갔다. 수도사가 되기로 결심한 계기가 2주 전 슈테테른하임에서 경험한 소위 '폭풍우 사건' 때문인지는 분명치 않지만, 그의 인생 항로가 갑작스레 바뀐 것만은 확실하다.

루터는 1505년부터 1511년 비텐베르크로 떠나기까지 에르푸르트의 수도원에서 살았다. 그곳은 루터가 '어떻게 해야 나의 양심이 죄로 인한 고통으로부터 자유로울 수 있을까?'하는 문제를 안고 영적 불안과 고민 속에서 몸부림쳤던 영혼의 고향 같은 곳이었다. 수도원은 현재 에르푸르트에서 가장 오래된 역사적 건물이다. [그림1]은 2017년 루터의 종교개혁 500주년을 맞아 수도원의 옛 건물과 연결하여 새롭게 건축한 부분이다. 수도원을 방문하면 안내자를 따라 루터의 방, 수도사의 방, 고서들로 가득한 작은 도서관, 수도원의 회랑 등을 돌아볼 수 있다. 영적인 순례자를 위한 숙소도 마련되어 있으니 루터의 정신을 온몸과 마음으로 느껴보기를 원한다면 꼭 숙박하길 바란다. 찾는 사람이 많아 일찍 예약해야 한다.(https://www.augustinerkloster.de/)

비텐베르크에서 루터는 수도사에서 교회개혁자로 변신하였다. 1517년 10월 31일 루터가 내건 '95개 논제'는 당시 로마가톨릭교회에 엄청난 지각변동을 일으켰다. 1521년 1월 루터는 교황으로부터 파문당했고, 곧이어 황제 카를 5세로부터 제국의회가 열리고 있는 보름스로 출두하라는 소환장을 받았다. 1521년 4월 18일 황제와 제국 앞에서 입장 철회를 요구받은 루터는 "나의 양심은 하나님의 말씀에 붙들려 있습니다. 양심을 거스르는 일은 안전하지도 옳지도 않습니다. 하나님, 나를 도와주소서"라고 고백하며 이를 거부하였다. 루터의 인생에서 가장 극적인 순간이었으며, 돌아올 수 없는 루비콘 강을 건넌 순간이었다. [그림2]는 당시 제국의회가 열렸던 보름스대성당이다. 보름스를 방문한다면 이 대성당과 루터가 열흘 동안 머물렀던 집, 종교개혁자 기념 조형물이 있는 공원을 꼭 찾아가서 나의 양심은 무엇에 붙들려 있는지 정직하게 실존적 물음을 던져보길 바란다.

보름스를 떠난 루터는 교황과 황제 모두에게 버림받은 몸이었다. 누가 루터를 당장 죽여도 아무 문제가 되지 않을 상황이었다. 다행히 비텐베르크의 영주 현자 프리드리히의 도움으로 루터는 자신이 학창시절을 보냈던 아이제나흐의 산 위에 있는 성채인 바르트부르크로 피신할 수 있었다. [그림3]이 바로 그곳이며, 루터는 1521년 5월부터 1522년 3월까지 이 성의 작은 방에 숨어 지내면서 하나님의 얼굴을 직면하며 자신이 걸어가는 길이 옳은 방향인지를 물었다. 루터는 동료들에게 보낸 편지에서 이곳을 "나의 밧모섬"이라고 불렀다.

[그림3] 건물 안에 루터의 방이 있다. "말씀에 사로잡힌 양심" 루터는 이곳에서 신약성경을 독일어로 번역하였다. 루터가 번역한 독일어 성경은 이후 종교개혁의 기폭제가 되었으며, 근대 독일어 형성에도 결정적인 공헌을 했다. 1505년 수도복을 입은 루터가 16년 만에 수도사 복을 벗은 곳도 바로 여기였다. 바르트부르크의 작은 방이야말로 루터가 종교개혁자로서의 자기 정체성을 확립한 "루터의 밧모섬"이었다.

[그림2] 제국의회가 열렸던 보름스대성당. 1521년 4월 18일 황제와 제국 앞에서 입장 철회를 요구받은 루터는 "나의 양심은 하나님의 말씀에 붙들려 있습니다. 양심을 거스르는 일은 안전하지도 옳지도 않습니다. 하나님, 나를 도와주소서"라고 고백하며 이를 거부하였다.

[그림3] 루터가 학창시절을 보냈던 아이제나흐의 산 위에 있는 성채인 바르트부르크. 루터는 1521년 5월부터 1522년 3월까지 이 성의 작은 방에 숨어 지내면서 하나님의 얼굴을 직면하며 자신의 걸어가는 길이 옳은 방향인지를 물었다.

누가 하나님의 사람인가

내 주는 강한 성이요

독일에는 공식 명칭에 루터의 이름이 들어간 두 도시가 있다. 루터가 태어난 고향인 아이슬레벤^{Lutherstadt Eisleben}과 루터가 종교개혁을 펼치며 자신의 모든 것을 쏟아 부은 비텐베르크^{Lutherstadt Wittenber}로 '루터의 도시'라는 명칭이 붙어있다. 특히, 비텐베르크는 루터 종교개혁의 요람이자 심장이다. 루터가 박사학위를 받고 신학과 성경을 가르쳤던 옛 비텐베르크대학교, 지금은 종교개혁 박물관으로 사용되는 루터 하우스, 파문을 위협하는 교황의 교서를 불태웠던 루터의 참나무, 종교개혁의 도화선이 된 95개 논제를 게시했던 성城교회, 루터가 목회했던 시市교회 등 루터와 관련된 유적지가 수두룩하다. 비텐베르크는 루터 당시 인구가 2천 명에 불과했고 도심의 중심거리도 1킬로미터에 불과한 작은 마을이었지만, 교회개혁의 진원지가 되었다.

[그림4]는 1517년 10월 31일 루터가 '95개 논제'를 게시했던 성 교회이다. '성 교회'는 외관의 모습이 성처럼 높은 탑을 가졌기 때문에 붙여진 별칭이고, 정식 이름은 '모든 성인의 교회'이다. 현재는 교회 입구 옆의 청동문 전면에 루터의 '95개 논제'가 조각되어 있다. 루터는 '95개 논제'에서 로마가톨릭교회의 공로부적이었던 면벌부免罰符를 비판하면서 교회의 개혁과 갱신을

[그림4] 1517년 10월 31일 루터가 95개 논제를 게시했던 성교회. 성교회는 외관의 모습이 성처럼 높은 탑을 가졌기 때문에 붙여진 별칭이고, 정식 이름은 '모든 성인의 교회'이다. 교회 입구 옆의 청동문 전면에 루터의 95개 논제가 조각되어 있다. 루터는 95개 논제에서 로마가톨릭교회의 공로 부적이었던 면벌부免罰符를 비판하면서 교회의 개혁과 갱신을 촉구하였다.

누가 하나님의 사람인가

촉구했다. 이후 루터는 우리가 구원 받은 것은 공로를 쌓아 벌을 면제받아서가 아니라 하나님의 은혜를 믿는 믿음으로 된 것임을 천명하였다. 이렇게 하여 오직 은혜, 오직 믿음, 오직 성경이라는 3대 표어가 종교개혁의 기둥으로 서게 되었다.

성 교회 내부의 설교단 바로 아래에는 루터 무덤이 있다. 루터는 고향인 아이슬레벤에서 숨을 거두었지만, 시신은 비텐베르크로 옮겨졌다. 관이 비텐베르크로 들어올 때, 모든 시민은 루터를 맞이하러 나갔고 마치 영주의 관인 것처럼 영접하여 성 교회에 안장했다. 평생의 동지 필립 멜란히톤은 조사弔詞에서 우리에게 그리스도교의 복음을 명확하게 전달해 준 다섯 사람이 있는데 이사야, 세례 요한, 바울, 아우구스티누스, 루터라고 말했다. 루터가 교회의 역사에 끼친 영향력이 어느 정도인지 짐작케 하는 대목이다. 멜란히톤도 죽은 후 성 교회 안 루터의 맞은편에 묻혀 나란히 잠들었다. 각자의 아내는 다른 곳에 묻혀있어서 루터와 멜란히톤이 나란히 묻혀있다는 사실만으로도 둘이 어떤 관계의 동역자였는지 알 수 있다.

성 교회를 밖에서 올려다보면 둥근 형태의 웅장한 탑의 꼭대기에 독일어로 적힌 글자가 보인다. "내 주는 강한 성이요 방패와 병기가 되십니다." 루터가 지은 찬송가 585장의 가사이다. 참으로 루터는 모든 환란과 공격에 맞서 주님만을 방패 삼아 교회개혁의 험하고 좁은 길을 묵묵하게 걸었던 하나님의 사람이었다. 루터는 이 찬송을 작시할 때 성 교회의 높은 탑을 보면서 그리스도가 나의 강한 성이요 방패와 병기가 되신다고 고백했을 것이다.

[그림5]는 루터의 목회 현장이었던 비텐베르크 성모 마리아 시립교회이다. 시립교회는 성 교회보다 훨씬 이전인 13세기 말에 건립되었다. 루터는 바로 이곳에서 라틴어가 아닌 독일어로 복음을 설교하였고, 빵뿐 아니라 포도주까지 베푸는 성찬을 행하였다. 비텐베르크 시립교회는 종교개혁의 모태교회이다. 교회 내부에 있는 제단화는 루터의 신학을 잘 보여준다. 제단화는 루터에게 더할 나위 없는 친구였던 루카스 크라나흐 부자(父子)의 작품으로 신앙의 네 가지 핵심 요소를 담고 있다. 상단의 세 패널에는 유아세례를 베푸는 멜란히톤, 성찬을 받는 루터, 공적 고백을 듣는 부겐하겐이 그려져 있고, 하단 중앙 패널에는 복음을 선포하는 설교자 루터가 그려져 있다. 복음 설교 위에 세례, 성찬, 공적 고백의 성례가 있음을 말해준다.

설교자 루터는 손가락으로 십자가에 달리신 예수 그리스도를 가리키고 있다. 그림에 있는 청중도 그리스도에게 집중하고 있다. 오직 그리스도의 십자가만이 복음의 본질이며 우리 신앙의 중심이다. 루터의 신학을 십자가의 신학이라 부르는 것이 전혀 이상하지 않다. 오늘도 우리는 루터와 함께 "내 주는 강한 성이요. 방패와 병기가 되십니다"라며 소리 높여 찬양한다.

[그림5] 루터의 목회 현장이었던 비텐베르크 성모 마리아 시립교회. 루터는 바로 이곳에서 라틴어가 아닌 독일어로 복음을 설교하였고, 빵만 아니라 포도주까지 베푸는 성찬을 행하였다.

비텐베르크 시립교회 예배당 내부

비텐베르크 성모 마리아 시립교회는 마르틴 루터가 결혼식을 올린 장소이고 30여 년간
의 목회현장이었다. 예배당 안에는 루터의 신학과 신앙이 오롯이 담긴 루카스 크라나흐
(Lucas Cranach) 부자의 제단화가 잘 보존되어 있다. 1547년에 제작된 이 제단화에는 사
제와 비사제의 벽, 성서해석의 벽, 공의회 소집을 독점한 교황의 벽을 깨려고 단호하게
개혁운동을 전개한 루터의 정신이 잘 담겨있다. 중앙루터교회 최주훈 목사는 루터는 저
항(Protestant)의 시작을 알린 인물이라는 점을 주목하며 이 저항을 "권위에 대한 믿음
을, 믿음에 대한 권위"로 바꾼 것이라고 해석한다.

루터 하우스

원래 이 건물은 수도원이었고, 마르틴 루터는 수도사로서 건물 일부에 거주하고 있었다. 종교개혁 이후 수도원이 문을 닫자 이 건물은 비텐베르크대학 학생들의 기숙사로 사용되었고, 루터는 여기서 그들을 가르치고 어울리며 지냈다. 42세 때 마르틴 루터는 1525년 6월, 수녀였던 카타리나 폰 보라와 결혼했고 이곳에서 남편과 아버지로서 살았다. 유네스코 세계문화유산인 이곳은 1883년부터 방문객들에게 공개되었고 세계에서 가장 규모가 큰 종교개혁사 박물관으로 천여 점이 넘는 전시품들이 원상태로 잘 보존되어 있다. 설교대, 수도사복, 루카스 크라나흐의 십계명 그림, 당대 사용되던 면벌부, 성경, 인쇄물, 필사본, 전단지 등이 전시되어 있다. 지하에 놓인 커다란 맥주통이 인상적인데 루터 아내는 맥주를 주조하여 생활비에 보탰고 루터는 유럽 각지에서 온 제자들에게 강의하고 맥주를 마시며 탁상담화를 했다.

울리히 츠빙글리

1484-1531

블링거 동상

츠빙글리의 개혁사상은 블링거(Heinrich Bullinger, 1505-1575)를 통해 이어졌고, 그를 통해 스위스가 종교개혁운동의 중심지가 되었다. 그의 영향력은 유럽과 영국 전역에까지 미쳤다. 블링거는 1504년 7월 스위스의 작은 마을 브렘가르텐(Bremgarten)에서 태어났다. 부친은 지역 교구 사제였다. 그는 쾰른 대학에서 에라스무스의 가르침을 접하였고 루터의 저서에서 큰 도전을 받았다. 1522년 개혁주의의 영향을 받아 고향으로 돌아와 교회 교부들, 루터, 멜란히톤에 대한 독서와 함께 성경에 대한 끊임없는 연구를 계속했다. 카펠의 시토회 수도원 원장이 되어 신약성경에 기초해서 수도사를 지도했고 개혁주의 교리를 소개했다. 그의 영향으로 많은 수도사들이 개혁파 목사가 되었다. 블링거는 취리히를 여행할 때 츠빙글리를 만나 친밀한 관계가 되었다. 그는 상담을 자주 하였고 전염병이 창궐했을 때 잘 대처했으며 적은 급여였지만 과부들, 고아, 이방인들과 망명자들에게 신앙을 불문하고 음식, 의복, 돈을 나누어 주었다. 더구나 영국의 여왕 메리의 폭정으로 피신해 온 프로테스탄트들을 극진히 대접했다. 블링거가 죽었을 때 영국은 공공의 재난으로 애도할 정도였다. 츠빙글리를 이어 44년 동안 그로스뮌스터교회에서 목회하며 개혁교회 기틀을 다진 이 블링거의 입상은 그로스뮌스터교회 벽에 있다.

BULLINGER 1504—1575

RRER AM GROSSMÜNSTER † NACH ZWINGLIS TOD
ISCHEN KIRCHE WEISER LEITER † BERATER ALLER
V KIRCHEN † URHEBER DES ZWEITEN HELVETISCHEN
S † VÄTERLICHER BESCHÜTZER UND TRÖSTER DER
DRANGTEN GLAUBENSGENOSSEN

지금이라도 내 영혼을 부르신다면

울리히 츠빙글리(1484-1531)는 루터와 함께 16세기 프로테스탄트 종교개혁을 이끈 쌍두마차 중 한 사람이다. 루터로부터 루터교회가 출발했다면, 츠빙글리로부터는 개혁교회가 시작되었다. '개혁교회의 아버지' 츠빙글리는 1484년 스위스 장크트갈렌 주에 속한 토겐부르크 지방의 빌트하우스라는 작은 마을에서 태어나서 베른, 빈, 바젤에서 수학하였다. 1506년 바젤대학에서 석사학위를 취득하였고, 같은 해 로마가톨릭교회 사제로 서품받았다. 글라루스(1506-16)와 아인지델른(1516-18)에서 12년 동안 사목활동을 펼쳤다. 그러다 1519년 취리히 그로스뮌스터교회로 부임하면서 종교개혁자의 길을 걷게 된다. 그는 1531년 제2차 카펠전투(1529년과 1531년 스위스 취리히 남방의 카펠에서 개신교와 가톨릭 사이에 벌어진 두 차례의 종교전쟁)에서 죽기까지 12년 동안 프로테스탄트 개혁자로서 치열하게 살았다.

[그림1] 츠빙글리 개혁의 중심지이자 개혁교회의 요람인 취리히 그로스뮌스터교회의 모습. 바로 여기에서 기존의 로마가톨릭이나 루터와는 분명하게 다른 츠빙글리의 '연속적 강해설교'가 시작되었고, 목회자들의 성경연구모임인 '예언모임'(prophezei)이 열렸다. 루터성경(1534)보다 3년 먼저 독일어로 된 취리히성경(1531)을 펴냈고, 세례와 성찬을 포함한 예배개혁이 이루어졌다. 오늘날까지 이어지는 개혁교회 전통의 근간이 이곳에서 마련된 것이다.

오늘날 우리가 코로나19로 인해 신음하고 있는 것처럼, 아니 그보다 훨씬 더 심각하게 16세기는 흑사병으로 고통을 겪었다. 츠빙글리가 그로스뮌스터교회에 부임한 지 얼마 지나지 않은 1519년 8월경 취리히에 흑사병이 발발하여 도시 인구의 3분의 1에 달하는 사람들이 죽는 참사가 벌어졌다. 목회자로서 환자들을 심방하며 돌보던 츠빙글리도 앓아눕고 말았다. 거의 두 달 동안 사투를 벌이면서 썼던 그의 시가 지금도 전해진다.

주님, 나를 도우소서.
나의 힘, 나의 반석이시여
문밖에서는
죽음이 문 두드리는 소리

나를 위해 못 박히신
당신의 손을 높이 들어서
죽음을 정복하시고
나를 구원하소서.

그러나 당신의 음성이
내 생애의 한낮인 지금이라도
내 영혼을 부르신다면
나는 순종하겠나이다.

신앙과 소망 안에서

이 땅을 포기하고

천국을 얻고자 하나니

나는 당신의 것이니이다.

　[그림1]은 츠빙글리 개혁의 중심지인 취리히 그로스뮌스터 교회의 모습이다. 이곳이 개혁교회의 요람이다. 바로 여기에서 기존의 로마가톨릭이나 루터와는 분명하게 다른 츠빙글리의 '연속적 강해설교'가 시작되었고, 목회자들의 성경연구모임인 '예언모임'prophezei이 열렸다. 루터성경(1534)보다 3년 먼저 독일 어로 된 취리히 성경(1531)이 나왔고, 세례와 성찬을 포함한 예 배개혁이 이루어졌다. 오늘날까지 이어지는 개혁교회 전통의 근간이 이곳에서 마련된 것이다. 교회당 남쪽의 '츠빙글리 문' 이라 불리는 청동문에는 츠빙글리의 생애가 24개의 작품으로 표현되어 있다. 교회당 내부 앞쪽에는 세례반과 취리히 성경이 자리잡고 있다.

　[그림2]는 구舊 취리히 시청사의 모습이다. 이곳에서 1523년 1월과 10월 로마가톨릭교회 측과 츠빙글리와 그 동료들이 수 백 명의 청중 앞에서 공개논쟁을 벌였다. 논쟁이 일어난 처음 원인은 1522년 사순절에 벌어진 소위 '소시지 사건' 때문이었 다. 출판업자 프로샤우어를 비롯한 몇몇 사람이 사순절 기간에

[그림2] 구(舊) 취리히 시청사의 모습. 이곳에서 1523년 1월과 10월 로마가톨릭교회 측과 츠빙글리와 그 동료들이 수백 명의 청중 앞에서 공개논쟁을 벌였다.

　　　누가 하나님의 사람인가

소시지를 먹은 것이 알려지자 로마교회 측에서는 사순절 육식 금지 전통을 어겼다며 처벌을 주장했다. 츠빙글리는 그 전통이 성경적 근거가 없으며 또 하나님이 주신 음식은 무엇이든 먹을 자유가 있다며 반박했다. 하지만 공개논쟁이 시작되자 츠빙글리는 단지 육식 금지 전통만이 아니라 로마가톨릭교회의 전면적인 개혁을 주장하고 나섰다. 이때 제시된 것이 츠빙글리의 개혁 청사진인 '67개 논제'이다.

루터의 개혁이 '95개 논제'에서 비롯되었다면, 츠빙글리의 개혁은 '67개 논제'로 시작되었다. 하지만 둘 사이에는 차이점이 있다. '95개 논제'가 학자들 사이의 토론을 위해 라틴어로 기록된 반면, '67개 논제'는 평범한 그리스도인들을 위해 독일어로 작성되었다. 전자가 면벌부라는 신학적 주제에 집중했다면, 후자는 종교·사회·정치 주제들까지 포괄하고 있다. 이것은 츠빙글리의 종교개혁이 취리히 시민들을 위한 목회적 관심에서 출발했으며, 개인뿐만 아니라 공동체 문제에 이르기까지 포괄적이었음을 보여준다.

[그림3] 츠빙글리 동상은 오른손으로는 성경을 들고 가슴에 대고 있고, 왼손에는 칼로 땅을 짚고 서 있는 모습이다. 이 동상은 츠빙글리의 종교개혁이 교회뿐 아니라 사회의 개혁까지 포괄하는 성격을 지녔음을 알리기 위함이다. 교회(성경)와 국가(칼) 모두를 하나님의 말씀에 따라 다시 바르게 세우기를 열망했던 츠빙글리의 개혁정신을 잘 표현하고 있다.

오직 하나님의 뜻이 이루어지이다!

취리히의 그로스뮌스터교회 가까이에 바서교회Wasserkirche가 있다. 교회 앞에는 1885년 세워진 츠빙글리의 동상[그림3]이 있다. 츠빙글리 동상은 오른손에 든 성경을 가슴에 대고, 왼손에 쥔 칼로 땅을 짚고 있다. 동상 아래에는 로마 숫자로 그가 1484년 1월 1일 출생하여 1531년 10월 11일 생을 마감했다는 사실이 적혀있다. 동상은 츠빙글리 탄생 400주년을 기념하는 1884년에 계획하여 이듬해 공개되었다. 동상 제막식에 참석했던 교회사학자 필립 샤프는 이 동상 때문에 많은 논란이 있었음을 전해준다. 동상건립위원회의 중요한 일원이었던 알렉산더 슈바이처 박사는 츠빙글리가 칼을 들고 있는 모습에 불만을 표하고 위원회를 탈퇴하기도 했다.

그럼에도 현재의 모습으로 동상이 세워진 것은 츠빙글리의 종교개혁이 교회뿐 아니라 사회의 개혁까지 포괄하는 성격을 지녔음을 알리기 위해서였다. 교회(성경)와 국가(칼) 모두를 하나님의 말씀에 따라 바르게 세우기를 열망했던 츠빙글리의 개혁정신을 잘 표현하고 있다고 보았기 때문이다. 당시 개혁교회 의장이었던 게오르크 핀슬러는 츠빙글리가 들고 있는 것은 두 개의 칼, 즉 성령의 칼인 말씀과 츠빙글리가 살해당한 칼이라고 해석하기도 했다.

[그림4] 츠빙글리가 숨을 거둔 현장에 1838년 그의 죽음을 기리기 위해 세워진 기념비. 기념비에는 다음과 같은 말이 새겨져 있다. "바로 이 자리에서 츠빙글리가 진리와 그리스도교 교회의 자유를 위해 영웅적 죽음을 맞이하면서 '육체는 죽일 수 있지만, 영혼은 죽일 수 없다'라고 말했습니다."

누가 하나님의 사람인가

[그림4]는 츠빙글리가 전사한 카펠에 세워진 기념비이다. 16세기 스위스는 로마가톨릭 주와 프로테스탄트 주로 나누어져 대립했다. 그러던 중 1529년 5월 로마가톨릭 주에서 복음을 전하던 프로테스탄트 설교자 야콥 카이저가 공개 화형을 당하는 일이 발생했다. 이로 인해 제1차 카펠 전쟁이 벌어졌다. 취리히를 중심으로 한 프로테스탄트 진영이 우세를 잡았지만, 보름 만에 평화조약을 맺었다. 그러나 평화는 오래가지 못하고 1531년 10월 제2차 카펠 전쟁이 발발했다. 이번에는 로마가톨릭 측의 우세였다. 이때 츠빙글리도 전쟁터로 달려가 다음과 같이 병사들을 격려했다.

"두려워하지 말라! 우리가 고통을 당하기는 하겠지만 우리는 옳은 편에 서 있다. 여러분의 영혼을 하나님께 맡기라. 그분께서 우리뿐 아니라 우리에게 속한 모든 것들을 돌보실 것이다. 오직 하나님의 뜻이 우리에게 이루어질 것이다."

1531년 10월 11일 카펠 평원에서 군사들을 돌보던 츠빙글리는 적에게 사로잡혀 47세의 나이로 죽음을 맞았다. 그는 "그들이 내 몸을 죽일 수는 있어도, 내 영혼을 죽일 수는 없다"라는 마지막 말을 남기고 숨을 거두었다. 전승에 따르면 츠빙글리의 몸은 네 토막으로 찢겼고 화형에 처해졌다. 그리고 불에 탄 재는 돼지의 재와 뒤섞여 사방으로 흩뿌려졌다. 1838년 츠빙글리가 숨을 거둔 현장에 그의 죽음을 기리는 기념비가 세워졌다. 기념비에는 다음과 같은 말이 새겨졌다.

취리히신학대학

취리히신학대학은 츠빙글리가 1525년 6월에 설립한 "예언학교"(Prophezei)가 모체로 세계 개혁교회 신학교들의 모범이 되었다. 츠빙글리는 예언학교 교장으로 유능하고 신실한 선생들을 초빙하여 모셔왔다. 주중에 날마다 세미나를 진행하였다. 여기에 그로스뮌스터교회 교역자와 취리히의 성직자, 다른 지역에서 방문한 학자 등이 참석했다. 예언학교 수업은 고전어(성경원어)훈련, 인격도야를 위한 교양교육, 그리고 설교연습 등으로 구성되었다. 또 신학수업의 중심은 성경연구와 성경주석이었는데 성경주석은 설교를 위한 준비작업이었다. 츠빙글리는 학생들 한 사람 한 사람에게 지극한 정성으로 공부의 진전을 돕고 또 그들의 건강과 일상생활에도 관심을 가졌다. 1833년 개교한 취리히대학교로 발전하였다. 취리히대학교는 취리히신학대를 중심으로 법대, 의대를 합병한 후 철학부를 신설하면서 유럽에서 최초로 군주나 종교기관이 아닌 취리히 칸톤(주)이 설립한 공립학교가 되었다. 오늘날 이 대학은 금융의 중심지답게 경제학부의 명성이 높다.

프라우뮌스터교회

취리히 호숫가에 있는 프라우뮌스터(Fraumünster)교회는 그로스뮌스터교회와 함께 스위스개혁교회의 중요한 터전이었다. 853년 루트비히 2세가 딸 힐데가르트를 위해 건축한 수녀원이 모태이다. 그후 여러 차례 개보수를 거쳤고 18세기에 세운 로마네스크 양식의 특징을 보여주는 비취색 첨탑이 아름답다. 프라우뮌스터에 관광객이 끊이지 않는 것은 마르크 샤갈(Marc Chagall)과 아우구스토 자코메티(Augusto Giacometti)가 제작한 스테인드글라스가 유명하기 때문이다. 교회 제단 위에 있는 다섯개의 창에는 '색채의 마술사'로 불리는 샤갈이 80세가 넘는 나이에 성서 이야기를 주제로 제작한 스테인드글라스가 있다. 또 스위스의 유명한 예술가인 알베르토 자코메티(Alberto Giacometti)의 숙부인 아우구스토 자코메티(Augusto Giacometti)가 제작한 "천상의 낙원"을 볼 수 있다.

"바로 이 자리에서 츠빙글리가 진리와 그리스도교 교회의 자유를 위해 영웅적 죽음을 맞이하면서 '육체는 죽일 수 있지만, 영혼은 죽일 수 없다'라고 말했습니다."

츠빙글리는 죽었지만 그의 정신은 하인리히 불링거, 장 칼뱅과 같은 스위스 종교개혁자들에게로 전해졌고 지금도 개혁교회와 장로교회 전통으로 이어져 오고 있다. 츠빙글리는 우리에게 세 가지 유산을 남겨주었다.

첫째, 하나님에 대한 절대적 신뢰이다. 츠빙글리의 정신은 '오직 하나님께 영광'Soli Deo Gloria이라는 개혁교회의 표어에 잘 반영되어 있다. 그는 자신의 마음 전부를 온전히 하나님께 바치고자 했던 진실한 그리스도인이었다.

둘째, 성경에 대한 강조이다. 연속적 강해설교, 예언모임, 자국어 성경번역에서 보여주었듯이 성경이야말로 츠빙글리 종교개혁의 심장이요 원동력이었다.

셋째, 공동체의 구원에 관한 관심이다. 츠빙글리는 개인 구원을 넘어 취리히 시민과 스위스 국민의 구원을 열망하였다. 따라서 교회만이 아니라 사회의 제도를 개혁하고 정치 구조를 새롭게 하는 노력으로 나아갔다.

츠빙글리의 『참 종교와 거짓 종교에 관한주석』(1525)의 마지막 문장은 그의 삶과 사상의 핵심을 그대로 보여준다.

"내가 말한 모든 것은 하나님의 영광을 위한 것이며, 그리스도의 나라와 양심의 유익을 위한 것이다."

장 칼뱅

1509-1564

광야박물관 위그노 십자가

광야박물관 바닥에 새겨진 위그노 십자가는 그들의 신앙을 고스란히 드러내준다. 17세기 말에 처음 디자인되어 19세기 말부터 위그노 후손들이 신앙의 표상으로 사용하기 시작했다고 한다. 이 십자가에 프랑스 프로테스탄트 신자들의 하나님에 대한 헌신과 충성, 고난과 눈물, 믿음과 기도가 상징적으로 담겨있다. 십자가에 있는 8개의 둥근 끝부분은 예수께서 가르치신 산상수훈(마태복음 5장)의 팔복을 의미한다. 십자가 문양 사이에 있는 하트 모양은 하나님을 향한 충성심을 나타내고 비둘기는 인간에게 임하시는 성령을 상징한다. 위그노들은 박해 시기에는 비둘기 대신 눈물을 상징하는 진주의 형상을 사용하기도 했다고 한다. 위그노들은 이 십자가를 부여잡고 기도하며 참혹한 고난과 죽음의 상황에서도 승리를 확신하며 꿋꿋이 버틴 것이다.

John Calvin

[그림1] 프랑스 누아용(Noyon)에 있는 칼뱅의
생가. 칼뱅은 14살 때 파리로 유학을 떠나기
전까지 누아용에서 살면서 초등교육을 받았다.

내 마음을 주님께 바칩니다, 즉시 그리고 진심으로

장 칼뱅(1509-1564)은 프랑스에서 태어나 자라고 교육을 받았지만, 정작 사역자로 쓰임 받은 곳은 스위스 제네바였다. [그림1]은 프랑스 누아용^{Noyon}에 있는 칼뱅 생가이다. 칼뱅은 14살 때 파리로 유학을 떠나기 전까지 누아용에서 살면서 초등교육을 받았다. 현재 칼뱅 박물관으로 사용되는 건물은 프랑스개신교 역사협회 소유이다. 1차 대전 때 완전히 파괴된 집을 예전 그림과 판화 자료를 바탕으로 복원하고, 2차 대전 때 다시 손상된 부분을 복구하고, 1983년에 현대식으로 리모델링한 것이다. 출입구 옆에 '칼뱅박물관'^{Musée Calvin}이란 글자가 보인다.

3층으로 된 박물관 내부로 들어서면 1층에 '당신의 종'^{votre serviteur}이라 쓴 칼뱅의 친필 사인이 먼저 눈에 들어온다. 참으로 칼뱅은 평생 하나님의 종으로 살기를 원했다. 칼뱅과 16세기 관련 유물은 2층과 3층에 전시되어 있다. 칼뱅이 파리를 떠날 수밖에 없도록 만들었던 미사를 반대한 벽보(1534), 칼뱅이 서문을 작성한 피에르 올리베탕의 프랑스어 성서(1535), 칼뱅의 주저인 『기독교강요』 초판(1536), 칼뱅이 프랑스의 프로테스탄트 즉 위그노의 지도자인 가스파르 콜리니에게 보낸 편지 등을 원본으로 확인할 수 있다. 그뿐 아니라 위그노의 원형 예배당 모형과 그들이 겪은 고난의 역사를 생생하게 볼 수 있다.

[그림2] 스트라스부르의 방패교회(Église du Bouclier).
이곳에서 칼뱅은 프랑스 피난민 교회의 목회자로, 스
트라스부르 아카데미의 교육자로, 『기독교강요』 2판
(1539)과 『로마서 주석』(1540)을 집필한 신학자로, 이
들레트 드 뷔르라는 여인과 결혼한 남편으로, 여러 도
시에서 열린 로마가톨릭과 프로테스탄트의 대화에
참여한 활동가로 살았다.

칼뱅은 1523년부터 파리의 콜레주 라 마르슈와 콜레주 몽테규에서 수학했고, 1528년에는 오를레앙대학에서, 1529년에는 부르주대학에서 법학과 인문학을 공부하였다. 칼뱅이 언제 복음주의 신앙으로 회심했는지는 불확실하지만, 아마도 1533년경 회심의 경험을 했을 것이다. 1536년 3월 바젤에서 『기독교강요』가 출판되었다. 칼뱅의 『기독교강요』는 필립 멜란히톤의 『신학총론』과 함께 16세기 프로테스탄트 신학의 교과서로 자리매김했다. 27살의 청년 칼뱅이 쓴 『기독교강요』는 지금까지 그리스도교 신학에서 고전의 자리를 지키고 있다. 이 책으로 명성을 얻은 칼뱅은 당시 제네바의 개혁자 기욤 파렐의 강권에 따라 1536년 여름 제네바의 교회개혁 운동에 동참하게 된다. 그러나 제네바 토착세력과 베른의 반대에 부딪쳐 1538년 4월 제네바를 떠나야만 했다.

[그림2]는 스트라스부르의 방패교회Église du Bouclier이다. 제네바에서 추방당한 칼뱅은 1538년 9월 스트라스부르에 정착했다. 스트라스부르는 개혁자 칼뱅을 형성한 요람과 같다. 이곳에서 칼뱅은 프랑스 피난민 교회의 목회자로, 스트라스부르 아카데미의 교육자로, 『기독교강요』 2판(1539)과 『로마서 주석』(1540)을 집필한 신학자로, 이들레트 드 뷔르라는 여인과 결혼한 남편으로, 여러 도시에서 열린 로마가톨릭과 프로테스탄트의 대화에 참여한 활동가로 살았다. 칼뱅의 고백대로 그는 스트라스부

르에서 '인생에서 가장 행복했던 시기'를 보냈다.

　방패교회 출입문 옆에는 '프랑스 피난민 교회 최초의 목회자인 장 칼뱅(1538-1541년 사역)과 피에르 브륄리(1541-1544년 사역)를 기념하여'라고 적힌 작은 명패가 붙어있다. 안으로 들어서면 화려한 로마가톨릭 예배당과 확실하게 대비되는 소박하고 검소한 예배당이 보이는데, 그 모습이 인상적이다. 예배당 정면에는 높은 설교대가 있고 그 앞에는 낮은 성찬대가 있다. 설교대 위에는 "당신들의 주인은 오직 한 분이며, 당신들은 모두 형제입니다"라는 글귀가 적혀있다. 하나님만이 우리의 유일한 주인이며, 우리는 동등한 형제자매라는 프로테스탄트의 원칙을 천명하고 있다.

　1541년 제네바교회는 스트라스부르에서 사역하고 있던 칼뱅을 다시 청빙하고자 사람을 보냈다. 처음에는 결코 제네바로 돌아가지 않겠다며 완강히 거절했던 칼뱅은 기욤 파렐과 마르틴 부처의 강권에 결국 자신의 뜻을 꺾고 제네바행을 결심했다. 칼뱅은 파렐에게 보낸 편지에서 "내가 나의 주인이 아님을 돌이켜 생각하여 주님께 제물로 바치듯 내 마음을 즉시 그리고 진심으로 바칩니다"라고 고백하였다. 그리하여 마음을 바치는 손이 칼뱅의 문장紋章이 되었다.

사도 시대 이후 가장 완벽한 그리스도의 학교

[그림3]은 칼뱅이 사역했던 제네바 생피에르교회다. 1538년 4월 제네바를 떠났던 칼뱅이 3년 7개월 만인 1541년 9월 생피에르교회의 목회자로 귀환하였다. 칼뱅은 이때부터 1564년 5월 27일 숨을 거둘 때까지 23년 동안 제네바의 목회자로, 개혁자로, 교육자로 살았다. 2년 남짓한 제네바 1차 사역(1536-1538)까지 합친다면 25년 동안 제네바에서 사역한 셈이다. 이로써 제네바는 칼뱅의 도시가 되었고, 칼뱅은 제네바의 영혼이 되었다.

정면이 로마의 판테온 신전을 빼닮은 생피에르는 이름 그대로 '성 베드로'를 기념하는 교회로 1160년 착공하여 1232년 완공된 건축물이다. 그후 여러 차례 증개축 되면서 시대에 따라 다양한 건축양식이 혼합되었다. 예배당 안의 바로 그 설교단에서 하나님의 영광을 위해 교회와 사회의 개혁을 역설하였다. 설교단 근처에는 칼뱅이 사용했다는 '칼뱅 의자'가 놓여있다. 하나님의 은총과 인간의 책임, 칭의와 성화, 교회의 개혁과 사회의 변화 모두를 강조했던 그의 통전적 개혁 노력은 제네바를 종교개혁의 모범 도시로 만들었다. 어떤 이들은 로마가 가톨릭교회에서 갖는 중심적 위치에 견주어, 제네바를 '프로테스탄티즘의 로마'라 부르기까지 했다.

칼뱅은 교회를 바로 세우기 위해 신앙고백서, 교리문답서, 예배예식서, 교회헌법을 제시했고 제네바의 질서를 유지하기 위해 목회자와 평신도 동수로 구성된 치리기구인 '콩시스투아르'를 만들었다. 가난한 백성을 구제하기 위해 '종합구빈원'과 '프랑스기금'을 설치하고, 다음세대 교육을 위해 '제네바아카데미'를 설립함으로써 명실상부 제네바를 하나님의 말씀에 합당한 도시로 만들었다. 그리하여 1556년 제네바를 방문한 스코틀랜드의 개혁자 존 녹스는 이 도시를 가리켜 "사도 시대 이후 가장 완벽한 그리스도의 학교"라며 감탄했다. 녹스는 칼뱅과 함께 제네바에서 개혁운동을 펼치다가 1559년 고국인 스코틀랜드로 돌아가서 1560년 스코틀랜드 의회에 '신앙고백서'와 '교회치리서'를 제시했다. 의회가 이를 수용하면서 스코틀랜드는 역사상 최초의 장로교 국가가 되었다.

생피에르교회를 방문한다면 교회 오른편에 있는 '칼뱅 강당'과 왼편에 있는 '종교개혁기념박물관'도 함께 둘러보길 바란다. 칼뱅 강당은 칼뱅이 성경을 가르치던 곳인 동시에 영어권 피난민들이 녹스와 함께 예배했던 예배당이기도 하다. 그래서 칼뱅 강당을 '녹스 채플'이라고도 불린다. 종교개혁기념박물관에서는 제네바 종교개혁과 관련된 다양한 정보를 확인할 수 있다. 생피에르교회에서 가까운 '칼뱅 거리'에서는 칼뱅이 1543년부터 1564년 생을 마감할 때까지 20년 이상 살았던 자택도 볼 수 있다.

[그림3] 칼뱅이 사역했던 제네바 생피에르 교회. 칼뱅은 이곳에서 1564년 5월 27일 숨을 거둘 때까지 23년 동안 제네바의 목회자로, 개혁자로, 교육자로서의 삶을 살았다.

[그림4] 제네바 구시가지 성벽 아래쪽 바스티용 공원에 있는 종교개혁기념조형물의 일부.
이 조형물은 칼뱅 탄생 400주년이자 제네바아카데미 설립 350주년인 1909년 착공하여
1917년 완성되었다. 기념비 한복판에 네 명의 개혁자(파렐, 칼뱅, 베즈, 녹스)가 서있다.

[그림4]는 제네바 구시가지 성벽 아래쪽 바스티용 공원에 있는 종교개혁기념조형물의 일부이다. 이 조형물은 칼뱅 탄생 400주년이자 제네바아카데미 설립 350주년인 1909년 착공하여 1917년 완성되었다. 길이 100미터, 높이 10미터의 거대한 기념비 한복판에 그림에서 보듯이 네 명의 개혁자가 서있다. 그림을 보면 파렐, 칼뱅, 베즈, 녹스의 이름이 보인다. 제네바 종교개혁에 미친 영향력을 강조하기 위해 칼뱅 석상은 다른 사람들보다 조금 더 크게, 조금 더 앞에 세워졌다. 석상들 아래에는 'IHΣ'라는 모노그램이 보이는데, 그리스어로 예수 그리스도(IHΣΟΓΣΧΡΙΣΤΟΣ)를 뜻하는 단어의 앞 세 글자를 딴 것이다. 네 명의 석상 좌우에는 종교개혁과 연관된 다양한 인물들이 조각되어 있으며, 제네바 종교개혁의 표어인 'Post Tenebras Lux'(어둠 후의 빛)라는 라틴어가 새겨져있다.

칼뱅은 프랑스인이지만 스위스 제네바의 개혁자로 살다가 생을 마감했다. 따라서 칼뱅의 무덤도 제네바의 쁠랭빨래 공립묘지에 있다. 칼뱅의 후계자인 테오도르 베즈가 장례식 때 바친 송가頌歌의 한 구절이 칼뱅이 어떤 사람인지 우리에게 알려준다.

묘지

제네바의 쁠랭빨래 공립묘지(Cimetiere de Plainpalais)에 있는 칼뱅의 묘지이다. 프랑스
인이었지만 스위스 제네바의 개혁자로 헌신한 칼뱅의 무덤이 일반인들과 같이 묻혀 있
는 자체가 많은 것을 말해준다. 칼뱅과 녹스 같은 개혁자들은 자신을 기념하는 무엇이
남아있기를 원치 않았다. 모든 영광은 하나님께만 돌려야지 행여 사람에게 돌아가서는
안 된다고 생각했기 때문이다. 만일 사람이 드러난다면 그것은 로마가톨릭의 구태인 성
인숭배와 다름없다는 개혁신학에 바탕을 두고 있다. 707호라는 묘지 표지판이 보이고
나중에 만든 작은 기념명패가 있다.

누가 하나님의 사람인가

존경하는 칼뱅이 먼지로 돌아가나니

그에게서 덕을 배울지라.

퇴락하는 로마가 가장 두려워할 그가

이제 선인들의 통곡 속에 숨겼도다.

비열한 자들에게 공포의 대상인 그가

너무나도 초라하고 조그만 무덤 속에 누워있구나.

이름도 기록되지 않은 채로.

위그노 광야박물관

이 위그노 박물관은 프랑스 남쪽 쎄벤느 국립공원에 있다. 16세기 종교개혁시절 프랑스의 프로테스탄트인 위그노(Huguenot)들은 1562년부터 1598년까지 36년 동안 위그노전쟁을 겪었다. 이 전쟁으로 위그노 4백만 명이 사망하였다. 1598년 낭트 칙령으로 제한적인 예배의 자유를 누렸지만 루이 14세는 1661-1685년, 프로테스탄트의 뿌리를 뽑기 위해 여러 칙령을 발표하였다. 이로 인해 165개의 예배처소가 파괴되었고 587개 교회당이 폐쇄되었다. 1681년부터는 군대를 동원하여 강제개종을 자행하더니 마침내 1685년에 이르러 낭트칙령을 철폐하고 프로테스탄트 신앙을 불법으로 규정하였다. '프랑스 프로테스탄트 역사협회'가 위그노 지도자인 롤랑의 집을 매입하여 1911년에 건립한 이 박물관은 광야시대에 위그노가 자신들의 신앙을 지키기 위해 어떻게 저항하며 투쟁했는지를 생생하게 보여준다. 이들의 저항정신은 20세기 독일의 점령에 대항한 프랑스 레지스탕스 운동의 근간이 되었다고 평가된다.

존 녹스

1513-1572

존 녹스 하우스

존 녹스 하우스는 스코틀랜드 교회를 로마가톨릭에서
개신교로 바꾼 종교개혁의 지도자 존 녹스가 1561년
부터 10년 이상 이 집의 2층에 살던 곳이다. 에든버러
의 세인트자일스 교회(St Giles' Cathedral)를 섬긴 존
녹스가 여기서 목회인생의 마지막을 보냈는데, 나중에
스코틀랜드교회가 사들여 원형을 살려 재건하고 존 녹
스 관련 사료를 전시하는 박물관으로 꾸민 건물이다.
이곳에서 존 녹스의 일대기를 한눈에 볼 수 있다. 존
녹스는 1564년 첫 번째 아내와 사별한 후 친구의 딸인
17세의 마가렛 스튜어드와 재혼하여 세 딸을 두었으
며 1572년 11월 24일 하나님의 품으로 돌아갔다.

John Knox

나는 하나님의 나팔수입니다

존 녹스(c.1513-1572)는 스코틀랜드의 종교개혁자로 흔히 '장로교회의 아버지'라 불린다. 1560년 녹스와 다섯 명의 동료는 종교개혁 정신을 담은 '스코틀랜드 신앙고백'과 장로교회 정치원리를 표명한 '스코틀랜드 교회치리서'를 의회에 제출하였다. 의회가 이를 받아들이면서 스코틀랜드는 역사상 최초의 장로교 국가가 되었다. 이로써 유럽 대륙의 개혁교회 전통이 섬나라 스코틀랜드에서는 장로교회 전통으로 이어져 꽃피게 되었다.

[그림1]은 에든버러대학교 신학부인 뉴칼리지 교정에 있는 녹스의 동상이다. 왼손으로 쥔 성경을 가슴에 대고 있고, 오른손은 하늘을 향하는 예언자의 모습으로 서있다. 녹스가 품은 개혁 정신의 원천은 오직 하나님의 말씀이었다. 그가 목회했던 에든버러 세인트자일스 교회당 입구와 내부에도 녹스의 동상이 있는데, 모두 성경을 들고 있는 모습이다. 녹스는 자신이 하나님의 말씀을 사람들에게 올곧게 전하는 사람, 즉 하나님의 나팔수라고 생각했다. 따라서 언제, 어디서든 복음을 가감 없이 소리 높여 외치고 전했다. 번쩍 치켜든 오른손은 그가 왕이나 귀족이나 백성이나 그 누구 앞에서라도 당당하게 하늘의 뜻을 전한 나팔수였음을 보여주는 듯하다.

[그림1] 에든버러대학교 신학부인 뉴칼리지 교정에 있는 존 녹스의 동상. 왼손으로 성경을 들고 가슴에 대고 있고, 오른손은 하늘에 향해 들고 있는 예언자의 모습으로 서 있다. 녹스의 개혁 정신의 원천은 오직 하나님의 말씀이었다.

녹스의 외모에 대한 기록을 보면, 그는 붉은 빛이 감도는 수염을 가지고 있었고, 키는 작은 편에 속했지만 우렁찬 목소리를 지녔다고 전해진다. 잉글랜드 여왕 엘리자베스의 사신이었던 토머스 랜돌프가 녹스의 설교를 듣고서 "한 사람의 목소리가 한 시간 동안 계속해서 귓전을 때리는 오백 개의 나팔보다도 더 우리에게 생기를 불어넣을 수 있음"을 깨달았다고 썼을 정도이다. 우렁찬 목소리로 빈부귀천을 가리지 않고 담대하게 복음의 나팔을 불어댄 녹스에게서 자연스레 '광야에서 외치는 자의 소리'였던 세례 요한의 모습이 겹쳐보인다.

녹스는 1513년 경 에든버러에서 동쪽으로 30킬로미터가량 떨어진 해딩턴에서 태어나 자라다가, 이후 에든버러 북쪽으로 80킬로미터 정도 거리에 있는 세인트앤드루스대학교에 진학한 것으로 보인다. 세인트앤드루스대학교는 녹스가 태어나기 100년 전인 1413년에 세워진 스코틀랜드 최초의 대학이다. 그곳에서 녹스는 자기 인생에 결정적 영향을 미친 두 사람, 패트릭 해밀턴Patrick Hamilton과 조지 위샤트George Wishart를 만나게 된다.

[그림2]는 해밀턴과 위샤트의 순교를 기리기 위해 1842년 설립한 기념탑이다. 해밀턴은 세인트앤드루스대학교 학생으로 유럽 대륙에서 마르틴 루터의 영향을 받고 돌아와 루터주의 사상을 전파하다가 로마가톨릭교회에 체포되어 1528년 2월 29일 공개 화형을 당했다. 스코틀랜드 종교개혁 역사에서 최초의 순

[그림2] 해밀턴과 위샤트의 순교를 기리기 위해 1842년 설립한 기념탑. 해밀턴은 루터주의 사상을 전파하다가 로마가톨릭교회에 체포되어 1528년 2월 29일 공개 화형을 당했다. 스코틀랜드 종교개혁 역사에서 최초의 순교자가 된 그의 나이 고작 24세였다. 위샤트는 스위스에서 개혁전통을 배우고 돌아와 종교개혁 사상을 가르치다가 역시 로마가톨릭교회에 의해 1546년 33세의 나이로 화형대에서 순교의 제물이 되었다.

교자가 된 그의 나이 고작 24세였다. 해밀턴의 영적 고향이 독일이었다면, 위샤트의 영적 고향은 스위스였다. 위샤트 또한 스위스에서 개혁전통을 배우고 돌아와 종교개혁 사상을 가르치다가 역시 로마가톨릭교회에 의해 1546년 33세의 나이로 화형대에서 순교의 제물이 되었다. 해밀턴과 위샤트, 생각하면 너무나 꽃다운 청춘들이 아닌가! 지금도 해밀턴이 순교한 세인트앤드루스대학 채플 앞길과 위샤트가 순교한 세인트앤드루스 성 앞길에는 그들 이름의 첫 글자$^{PH, GW}$가 새겨져 있다. 비록 그들은 죽었지만 그들의 영향력은 여전히 살아 높은 기념탑처럼 우뚝 서있다.

녹스는 아마도 해밀턴에 대해서는 풍문으로만 들었겠지만, 위샤트와는 직접 만났다. 녹스가 위샤트의 경호원이었다는 사실은 그에게 미친 위샤트의 영향력을 짐작케 한다. 녹스가 프로테스탄트로 회심한 것도 위샤트의 영향일 것이다. 위샤트가 죽임을 당하자 녹스를 비롯한 그의 추종자들은 세인트앤드루스 성을 점령하고 로마가톨릭의 교권에 저항하며 개혁을 요구하였다. 어쩌면 이들은 프로테스탄트에 우호적인 잉글랜드의 엘리자베스가 자신들을 도와줄 것이라 기대했는지도 모르지만 그것은 헛된 꿈이었다. 결국 로마가톨릭국가인 프랑스 함대가 성을 함락시켰고 녹스도 체포되어 포로 신세가 되었다. 이후 녹스는 프랑스 갤리선에서 사슬에 묶인 채 1547년 7월부터 1549년 2월까지 19개월 동안 노예로 살아야만 했다. 모든 것이 끝난

듯했지만, 하나님은 녹스를 스코틀랜드 교회와 사회를 개혁하는 도구로 사용하기 위해 다른 계획을 품고 있었다.

사람들에게 좋게 하랴, 하나님께 좋게 하랴

스코틀랜드의 종교개혁자 존 녹스는 오랜 세월 망명자의 삶을 살았다. 녹스는 1549년 프랑스 갤리선에서 풀려난 후 고국으로 돌아가지 못했다. 대신, 프로테스탄트의 활동이 비교적 자유로웠던 에드워드 6세 치하 잉글랜드의 베릭어폰트위드, 뉴캐슬어폰타인 같은 도시에서 목회했다. 하지만 잉글랜드에서조차 로마가톨릭 군주 메리 튜더가 여왕의 자리에 오르자 녹스는 또다시 망명길에 오를 수밖에 없었다. 1554년 녹스는 독일 프랑크푸르트의 피난민 교회를 맡아 목회 활동을 했다. 그러나 그곳에서도 예배의 형식과 예전을 둘러싼 갈등으로 인해 교회를 떠날 수밖에 없었다. 그리고 1556년 스위스의 제네바로 향했다.

녹스는 1556년부터 1559년까지 제네바에서 칼뱅의 동역자로 교회개혁 운동에 헌신했다. 3년 남짓한 제네바 체류는 이후 녹스 종교개혁의 중요한 원천이 되었다. 녹스는 종교의 자유를

[그림3] 녹스 종교개혁의 심장인 스코틀랜드 에든
버러에 있는 세인트자일스교회. 녹스는 1559년부
터 1572년 죽기까지 이곳에서 복음을 전파했다.

찾아 잉글랜드와 스코틀랜드에서 피난 온 영어권 난민들과 함께 제네바 생피에르 교회당 옆에 있는 '칼뱅 강당'에서 예배를 드렸다. 이런 까닭에 이 강당을 '녹스 채플'이라 부르기도 한다. 스코틀랜드의 정치·종교적 상황이 호전되면서, 녹스는 1547년 프랑스 로마가톨릭 군대에 사로잡혀 갤리선의 노예가 된 이후 12년 만인 1559년에야 고국으로 돌아갈 수 있었다.

[그림3]은 녹스 종교개혁의 심장인 스코틀랜드 에든버러에 있는 세인트자일스교회이다. 녹스는 1559년부터 1572년 죽기까지 이곳에서 복음을 전파했다. 특히 프랑스로 시집을 갔던 스코틀랜드의 메리가 남편의 죽음으로 인해 다시 고국으로 돌아온 1561년부터 녹스와 여왕 메리의 긴장이 고조되었다. 그러나 녹스는 메리 여왕 앞에서도 조금의 망설임이나 물러섬 없이 개혁의 나팔을 불었다. 교회당 안에는 귀족들 앞에서도 하나님의 말씀을 담대하게 선포하는 녹스가 그려진 교회 안의 스테인드글라스는 아를 잘 보여준다. 녹스는 1559년부터 1566년까지 스코틀랜드 종교개혁의 역사를 다섯 권의 책으로 기록했다. 기록한 책에는 그가 어떻게 스코틀랜드를 변화시켰는지 상세하게 적혀있다.

[그림4]는 세인트자일스교회의 주차장 23번이다. 여기에서 노란색으로 표시된 부분이 녹스의 무덤이다. 가끔은 차량이 주차되어 무덤을 볼 수 없는 경우도 있다. 필자가 학생들과 이곳

[그림4] 노란색으로 표시된 부분이 녹스의 무덤이다. 어떤 때는 차량
이 주차되어 있어서 녹스의 무덤을 볼 수 없는 경우도 있다.

누가 하나님의 사람인가

세인트앤드루스성

존 녹스는 개혁교회의 영향을 받아 스코틀랜드 종교개혁을 이끌다 이단으로 몰려 화형을
당한 패트릭 해밀턴과 조지 위샤트의 영향을 받았다. 위샤트가 1546년에 33세 나이로 화
형을 당하자, 그를 따르던 프로테스탄트들은 이 일에 대한 저항으로 이 세인트앤드루스
성(St Andrews Castle)을 점령하고 추기경 데이비드 비튼을 살해했는데 녹스도 그 중에
있었다. 이곳이 바로 그 성인데, 1547년 7월 프랑스 함대에 의해 함락되었고 녹스는 체
포되어 프랑스 갤리선에서 1549년 2월까지 19개월 동안 노예로 혹독하게 살았다.

스털링의 홀리루드교회

스털링(Stirling)은 스코틀랜드 도시이다. 언덕 위에 스코틀랜드 독립 전쟁을 이끈 스코틀랜드의 영웅인 윌리엄 월리스 경을 기리는 고딕 복고풍 양식으로 설계된 국립 윌리스 기념탑이 있다. 이 스털링에 제법 큰 규모의 '거룩한 십자가'(Holy Cross)라는 뜻을 가진 홀리루드교회(Holy Rude Church)가 800년의 역사를 간직하고 있다. 장로교의 본산지인 스코틀랜드에서 세계 최초의 노회 (Presbytery)가 조직된 곳이다. 1567년 개신교 예배방식으로 갓 돌이 지난 제임스 왕자의 즉위식을 거행하여 제임스 6세 왕으로 등극하게 한 장소로 유명하다. 이날 존 녹스는 시편 80편 1-4절을 본문으로 선포한 설교에서 오직 하나님만을 의지하고 죄를 철저히 회개할 때 구원과 승리를 주신다는 것을 강력하게 선포하였다. 그가 제임스 6세의 어머니 메리 여왕의 사생활을 비판한 까닭에 긴장관계에 있었지만, 이 대관식은 스코틀랜드가 종교개혁정신을 이어가도록 하는 의미 있는 자리였다. 나중에 제임스 6세는 잉글랜드에서 제임스 1세로 즉위하여 스코틀랜드와 잉글랜드의 공동 왕이 되었고 1611년 성경의 영어판 번역(The King James Version)을 승인하였다.

을 방문하면 모두 한결같이 스코틀랜드의 역사를 바꾼 종교개혁자의 무덤이 어쩌면 이렇게 초라할 수 있는지에 놀란다. 바로 이곳이 개혁교회와 장로교회의 모토인 '오직 하나님께 영광!'soli Deo gloria! 을 가장 극명하게 보여주는 장소일지도 모른다. 칼뱅과 녹스 같은 개혁자들은 자신을 기념하는 무엇이 남아있는 것을 원하지 않았다. 모든 영광은 하나님께만 돌려야 하고, 그 영광이 사람에게 돌아가서는 안 되기 때문이다. 만일 사람이 드러난다면 그것은 로마가톨릭의 구태인 성인숭배와 다름없기 때문이다. 그런 점에서 후예들이 만든 기념탑이나 조각상은 우리에게는 의미 있는 것일지 몰라도 개혁자들의 뜻에는 배치되는 것일 수 있다.

1572년 11월 임종을 앞둔 녹스는 이렇게 고백했다.

"나는 하나님의 말씀을 이용하여 개인적 이익을 취한 일이 없고, 인간을 만족시키고자 애쓴 적도 없고, 나 개인이나 다른 이들의 정욕을 만족시킨 일도 없으며, 단지 내게 허락하신 은사를 성실하게 사용하여 내가 감독한 교회의 덕을 세우려고 노력했을 뿐입니다."

이 얼마나 멋진 유언인가. 경건을 이익의 도구로 삼고 복음을 자기 과시의 수단으로 삼는 삯꾼 목자가 아니라, 하나님의 말씀만 정직하게 전하고 교회를 바르게 세우고자 했던 참 목자 녹스의 일생을 대변해주는 고백이다. 녹스의 장례식에 참석한 스코틀랜드의 섭정 모턴 백작은 "여기 그의 일생 동안 어떤 사람도

존 녹스 채플

제네바 생피에르교회당 옆에 있는 녹스 채플은 원래 칼뱅이 성경을 가르치던 칼뱅 강당
인데, 녹스가 종교의 자유를 찾아 잉글랜드와 스코틀랜드에서 피난 온 피난민들과 함께
예배드렸다. 그래서 칼뱅 강당을 '녹스 채플'이라 부르기도 한다. 세인트앤드루스성에서
프랑스 지원군에 잡혀 갤리선에서 노예생활을 하던 녹스는 1549년, 잉글랜드 왕 에드워
드 6세의 도움으로 1년 7개월 동안의 노예살이에서 풀려났다. 녹스는 프로테스탄트의
활동이 비교적 자유로웠던 잉글랜드에서 정착하였지만 1553년 에드워드 6세의 누나
메리 튜더(나중에 '피의 메리'로 불릴 정도로 프로테스탄트를 모질게 박해)가 왕위에 올라 로
마가톨릭을 국교로 회복시키자, 또다시 망명길에 오를 수밖에 없었다. 망명중에 녹스는
칼뱅의 제안으로 1554년 독일 프랑크푸르트의 영국인 피난민 교회를 맡아 목회 활동을
하다 1556년 스위스의 제네바로 향했다. 그는 1556년부터 1559년까지 제네바에서 칼
뱅의 동역자로 교회개혁운동에 헌신하며 잉글랜드인의 목회자로 사역했다. 3년 남짓한
제네바 체류는 존 녹스 종교개혁의 중요한 원천이 되었다.

두려워하지 않고 누구에게도 아첨하지 않은 사람이 누워 있다"
라고 말했다. 참으로 녹스는 사람이 아니라 하나님만 기쁘게
하고자 했던 복음의 나팔수였다.

"이제 내가 사람들에게 좋게 하랴 하나님께 좋게 하랴 사람
들에게 기쁨을 구하랴 내가 지금까지 사람들의 기쁨을 구하였
다면 그리스도의 종이 아니니라"(갈라디아서 1:10)라는 바울의 고
백이 새삼 마음을 뜨겁게 한다.

필립
야콥
슈페너

1635-1705

프랑케 동상

경건주의의 아버지인 슈페너의 개혁을 실천에 옮긴 사람은 그의 제자이며 친구이기도 한 프랑케(August Hermann Franke 1663-1727)이다. 그는 1687년 회심 사건을 통하여 사변적인 신앙에서 체험적인 신앙인으로 변하게 되었다. 그 이후 그는 독일의 할레에서 루터교 목사로 그리고 할레 대학교의 교수로 활동하면서, 그의 선생이자 동료인 슈페너가 제안했던 경건주의적인 삶을 살았다. 그는 탈세상적이고 중세의 수도원적이고 신비적인 경건과는 거리가 멀다. 오히려 세상 안에서 적극적으로 변혁을 시도했으며 실천에 옮겼다. 특히 이 실천은 할레의 고아원과 기숙학교를 통한 교육과 사회복지 영역에 여실히 나타났다. 프랑케의 지도 아래 할레 경건주의는 세상에 대한 실천적이고 행동적인 경건을 보여 주었다. 이런 활동들을 통하여 프랑케가 도달하고자 한 것은 "개인의 변화를 통한 사회의 변혁"이었다. 결국 그의 경건주의 운동은 인간의 전인적인 구원을 목표로 삼은 것이다. 프랑케의 동상은 할레대학교 프랑케 재단 앞에 있다.

Philip Jacob Spener

경건한 열망

종교개혁으로 말씀에 충실한 신앙, 복음에 기초한 교회를 세우고자 몸부림쳤지만, 시간이 흐르면서 순수한 신앙이 점차 화석화된 교리로 변해갔고 개혁의 열정은 광신狂信으로 대체되었다. 내가 믿는 신앙만이 옳고 정통이라는 고집불통은 결국 종교전쟁이라는 엄청난 재앙을 낳았다. 프로테스탄트 교회조차도 중세 로마가톨릭교회처럼 웅덩이에 고인 물이 되고 말았다. 이때 제2의 종교개혁을 표방하며 나선 인물이 필립 슈페너Philipp J. Spener(1635-1705)이다. 흔히 '경건주의의 아버지'라 불리는 슈페너는 그의 책『경건한 열망』에서 새로운 종교개혁 혹은 16세기에 시작되었다가 교리적 정통주의로 인해 중단된 개혁운동의 완성을 제안했다. 따라서 이 책이 출간된 1675년을 경건주의의 시작으로 본다.

슈페너는 1635년 현재 프랑스에 속한 리보빌레Ribeauvillé에서 태어났다. 17세기 당시에는 라폴츠바일러Rappoltweiler라 불린 신성로마제국에 속한 독일 지역이었다. 지금도 리보빌레의 슈페너 광장 옆에 있는 개신교회 안에는 슈페너의 초상이 있다. 그가 태어난 시기는 그야말로 유럽의 격변기였다. 로마가톨릭과 프로테스탄트 진영이 나뉘어 유럽 전체가 30년 전쟁(1618-1648)을 치르고 있는 중이었다. 전쟁 후 남겨진 정치적 혼란과 경제

[그림1] '경건주의의 아버지'라 불리는 슈페너가 공부했고 가르쳤던 스트라스부르대학 신학부 건물.

[그림2] 슈페너가 20년 동안 목회했던 프랑크푸르트 뢰머 광장 입구에 있는 빨간 벽돌의 바울교회(Paulskirche). 외벽에는 슈페너를 기념하는 명패가 붙어 있다. 슈페너에 의해 시작된 독일 경건주의의 지도력은 이후 할레대학교의 아우구스트 프랑케를 거쳐, 할레 대학교가 배출한 또 한 명의 인물인 니콜라우스 친첸도르프에 의해 새로운 꽃을 피우게 된다.

적 파산, 도덕의 붕괴와 영적 퇴락이 슈페너가 다시 일으켜 세워야 할 교회와 사회였다.

[그림1]은 슈페너가 공부하고 가르치던 스트라스부르대학의 신학부 건물이다. 스트라스부르는 16세기 종교개혁 시기 마태우스 젤, 마르틴 부처, 장 칼뱅과 같은 개혁자들의 흔적을 고스란히 간직하고 있는 알자스의 중심 도시이다. 스트라스부르대학의 전신은 16세기 인문주의자 장 슈투름이 1538년 세운 김나지움Jean Sturm Gymnasium이다. 그후 1621년 페르디난트 2세 황제 때 대학교로 다시 설립되었다. 슈페너는 이곳에서 언어, 역사, 철학, 그리고 신학을 공부했고, 1653년 철학 석사학위를, 1664년 신학 박사학위를 취득했다. 박사학위를 받던 날 슈페너는 수잔네 에르하르트와 결혼하였고, 슬하에 11명의 자녀를 두었다. 지금도 스트라스부르 신학부 건물 옥상에는 학교와 관련된 역사적 인물의 입상이 세워져 있는데, 루터, 칼뱅, 슈투름 등 여러 명과 함께 슈페너도 스트라스부르대학을 빛낸 인물로 그곳에 당당하게 서있다.

[그림2]는 슈페너가 20년 동안(1666-1686) 목회했던 교회이다. 슈페너는 대학에서 계속 가르치기를 원했지만 하나님의 계획은 달랐다. 1666년 프랑크푸르트 교회에서 그를 수석목사로 청빙하였다. 프랑크푸르트 뢰머 광장 입구에 있는 빨간 벽돌의 바울교회Paulskirche 외벽에는 슈페너를 기념하는 명패가 붙어 있다. 명패 중앙에는 교회와 사회 개혁자로서의 슈페너를 간략하

게 소개하고 있고, 왼편에는 『경건한 열망』 초판본 표지가, 오른편에는 슈페너의 초상이 있다. 교회에서 멀지 않은 거리에 있는 슈페너의 옛집이 지금은 순례자와 여행객을 맞는 숙소^{Hotel Spenerhaus}로 사용되니 슈페너의 경건주의 정신을 배우려는 순례자라면 꼭 찾아보길 권한다.

슈페너는 프랑크푸르트에서 20년을 목회하면서 어떻게 하면 참된 그리스도인의 삶을 살 수 있을까를 고민하다가 1670년 '경건 모임'^{collegium pietatis}을 조직하고 새로운 경건 운동과 성경 연구를 통한 교회개혁 운동을 시작하였다. 그가 『경건한 열망』에서 제안한 개혁안들은 성경 연구에 전념할 것, 만인제사장설의 구체화, 이론보다는 실천 강조, 교파간의 신학적 논쟁 제한, 경건의 실질적 구현에 초점을 둔 신학수업, 설교의 초점 변화 등이었다. 이것은 당시 독일에 편만했던 정통주의에 대한 맹렬한 반격이었으며, 삶의 개혁을 수반하지 않는 교리에 대한 통렬한 비판이었다. 슈페너의 제안은 이전에 전혀 들어보지 못한 새로운 것이 아니라, 이미 알고 있는 본질적인 것들에 대한 재발견이요 회복이었다.

슈페너에 의해 시작된 독일 경건주의의 지도력은 이후 할레대학교의 아우구스트 프랑케를 거쳐, 할레대학교가 배출한 또 한 명의 인물인 니콜라우스 친첸도르프에 의해 새로운 꽃을 피우게 된다.

헤론후트, 말씀과 기도의 공동체

필립 슈페너에 의해 시작된 독일 경건주의 운동은 니콜라우스 친첸도르프Nikolaus von Zinzendorf(1700-1760) 백작에 의해 계승되었다. 친첸도르프는 슈페너가 죽기 5년 전인 1700년 독일 드레스덴에서 태어났다. 부유한 귀족 집안 출신인 친첸도르프는 외할머니 헨리에테 카타리나의 손에 자랐다. 그녀는 슈페너와 경건주의 운동의 적극적 지지자였으며, 자국어 성경 번역을 추진하고, 소녀들의 교육을 위한 학교를 설립하는 등 종교와 사회의 개혁에 힘을 쏟았다. 슈페너가 친첸도르프의 대부가 된 것도 외할머니 덕분이었다.

친첸도르프는 어린 시절 경건주의의 요람이었던 할레에서 아우구스트 프랑케로부터 감화를 받고, 1716년 비텐베르크대학으로 가서 법학을 공부하였다. 그후 그는 독일뿐 아니라 네덜란드, 프랑스, 스위스를 여행하면서 다양한 신앙 전통을 접했다. 후일 그는 뒤셀도르프 박물관에서 도메니코 페티의 '이 사람을 보라'Ecce Home를 보면서 회심을 경험했다고 회고했다.

"나는 오랫동안 그분을 사랑했지만, 실제로 그분을 위해 아무것도 해본 적이 없습니다. 이제부터 나는 그분이 하라고 하는 것은 무엇이든 할 것입니다."

1722년 친첸도르프는 모라비아 형제들을 만났다. 이들은 얀

[그림3] 헤른후트에 있는 친첸도르프의 집. 1721년 세워진 이 집의 문 위에는 스가랴 9장 12절과 고린도후서 5장 1-2절의 말씀이 적혀있다. 친첸도르프는 땅에 있는 집은 우리가 나그네로서 잠시 머무는 곳일 뿐이기에 하늘에 있는 영원한 집을 사모하였다. 집 내부는 친첸도르프의 생애와 사역을 소개하는 작은 박물관의 역할을 한다.

누가 하나님의 사람인가

후스의 후예로 모라비아와 보헤미아 지역에서 박해를 피해 이주해 온 사람들이었다. 친첸도르프는 작센에 있는 자신의 영지에 이들을 받아들여 '헤른후트'Herrnhut 공동체를 만들어 경건주의를 실험하였다. 헤른후트는 '주님이 보호하시는 곳'이라는 의미를 지닌다. 얼마 지나지 않아 헤른후트는 박해받는 사람의 종교적 자유를 보장하는 피난처가 되었다.

[그림3]은 헤른후트에 있는 친첸도르프의 집이다. 1721년 세워진 이 집의 문 위에는 스가랴 9장 12절과 고린도후서 5장 1-2절의 말씀이 적혀있다. 친첸도르프는 땅에 있는 집은 우리가 나그네로서 잠시 머무는 곳일 뿐이기에 하늘에 있는 영원한 집을 사모하였다. 집 내부는 친첸도르프의 생애와 사역을 소개하는 작은 박물관의 역할을 한다.

[그림4]와 [그림5]는 헤른후트 예배당의 외부와 내부의 모습이다. 소박하고 단순한 구조가 모라비아 형제단의 정신을 그대로 보여준다. 친첸도르프는 말씀과 기도의 두 기둥에 기초한 '형제애적 일치'Brüderlicher Vertrag라는 문서를 작성하였고, 모라비아 형제들은 1727년 5월 12일 서명하였다. 오늘날 '그리스도교적 삶을 위한 모라비아 형제들의 언약' 혹은 '헤른후트 형제들의 언약'으로 알려져 있다. 그리고 1727년 8월 13일 '모라비아 형제들의 오순절'이라 불리는 영적 갱신을 경험하였다.

헤른후트 공동체에는 매일의 삶을 말씀으로 살아가는 데 큰

[그림4], [그림5] 헤른후트 예배당의 외부와 내부의 모습. 소박하고 단순한 구조가 모라비아 형제단의 정신을 그대로 보여준다.

니콜라이교회

슈페너는 목회자가 아니라 스트라스부르대학교의 신학부 교수로 일하기를 원했다. 그러나 그는 목회자로 일생을 바쳤고 그 당시 독일에서 가장 훌륭한 목회자로 존경받았다. 그의 대표 저서인 『경건한 열망』(*Pia Desideria*, 1675)도 그의 목회 경험에서 탄생하였다. 슈페너는 교회가 개혁되기 위해서는 먼저 목사가 개혁되어야 함을 강조했다. 그는 올바르게 교육을 받은 경건한 목사의 양성에서 교회의 상태와 제도에 필요한 개혁이 실현되리라 확신하였다. 슈페너는 마인 강변의 프랑크푸르트에서 20년간 목회한 후 드레스덴에서 5년간(1686-1691) 사역한 후 마지막 6년간(1691-1705) 베를린 니콜라이교회(Nikolaikirche)의 감독으로 사역하였다. 이곳에서 그의 교회에 대한 영향력은 최고조에 도달했다. 1694년에는 잘레(Saale) 강변의 할레(Halle)에 프로이센의 개혁적인 대학인 할레대학교를 설립했다. 1705년 슈페너는 "경건주의의 아버지"로 베를린에서 세상을 떠났다.

힘이 되는 말씀묵상집이 있는데, 바로 "로중"Losungen이다. 로중은 군사 용어로 '암구호'를 뜻한다. 전투에 나서는 군인이 암구호를 반드시 알아야 하는 것처럼, 세상에서 그리스도의 군사로 살아가야 할 그리스도인에게 하나님의 말씀은 필수적이라는 의미일 것이다. 로중은 1731년부터 거의 300년을 이어오면서 수많은 그리스도인들이 매일의 삶을 지탱하는 영감의 원천이었다. 국내에도 2009년부터 로중이 우리말로 번역 소개되고 있다. 로중은 60개 이상의 언어로 번역되어 100개국 이상에 전해져 200만 명 이상이 사용하고 있다.

헤른후트 공동체를 떠받치는 또 다른 기둥은 기도이다. 형제단은 1727년부터 하루 24시간, 일 년 365일 계속 이어가는 기도운동을 100년 이상 전개하였다. 기도는 다양한 신앙을 가진 헤른후트의 피난민을 하나의 공동체로 연합시켰다. 또한 기도는 헤른후트를 선교 공동체로 만들었다. 1732년 선교사를 파송하기 시작한 이후 30여 년 동안 카리브해, 아메리카, 아프리카, 북극, 극동지역 등 세계 각지로 수백 명의 평신도 선교사를 파송하였다. 친첸도르프 자신도 '필그림 백작'이라 불리며 서인도제도, 아메리카 등 세계를 무대로 복음을 전하였다. 헤른후트 공동체는 18세기 개신교 선교의 요람이자 본부였다. 감리교의 창시자인 존 웨슬리도 모라비아 형제들에 의해 영향을 받은 것은 잘 알려진 이야기이다.

모라비안묘지 기도탑

독일 남동쪽에 헤른후트라는 작은 마을이 있다. 이 작은 마을에 종교 핍박을 피해 떠나온 모라비안들이 정착하기 시작했다. 이 마을 중앙에 모라비안교회가 위치하고 있다. 1722년에 설립되어 지금까지 모라비안들이 예배를 드리고 있다. 교회에서 100미터 떨어진 곳에 모라비안들의 공동묘지가 있다. 6000여개의 많은 묘들이 있고, 그 중심 부분에 친첸도르프 가족묘가 있다. 조금 더 걸어가면 후트베르크(Hutberg)라는 기도의 탑이 있다. 이 탑에서 120년 동안 24시간 쉬지 않고 릴레이 기도를 한 것으로 유명하다. 기도는 말씀 묵상집 '로중'과 더불어 헤른후트 공동체를 떠받치는 기둥이었던 것이다. 이 기도가 공동체를 이루게 하였고, 전 세계에 수백 명의 평신도 선교사를 파송하는 힘이 되었다.

존 웨슬리

1703-1791

웨슬리 무덤

존 웨슬리의 무덤은 런던 '웨슬리 채플'에 있다. 18세기 영국의 어둠을 밝힌 그의 위대한 업적에도 불구하고 고관대작이 묻히던 웨스트민스터사원이 아니라 작은 예배당 뒷마당에 조용히 묻혀있다. 존 웨슬리는 1791년 향년 88세로 세상을 떠날 때 자기의 시신을 절대로 값비싼 비단으로 감싸지 말고 그저 평범한 울이면 족하다는 유언을 남겼다고 한다. 또 자기 주머니에서 조금이라도 돈이 나올 경우 자신이 지명한 가난한 순회 설교자 네 사람에게 똑같이 나누어주라고 했다. 자신의 장례식에는 절대로 영구차나 사륜마차를 쓰지 말라고도 당부했다. 자신의 관을 운구할 때 실직해서 생활이 어려운 사람 6명을 고용해서 1파운드씩 주라고도 부탁했다.

John Wesley

화마(火魔)에서 건짐 받은 아이가 성령의 불길에 사로잡히다

복음전도자, 사회운동가, 교회개혁자, 부흥사, 신학자, 이 모든 호칭에 어울리는 인물이 바로 감리교의 창설자라 불리는 존 웨슬리(1703-1791)이다. 존은 1703년 영국 링컨셔 주에 속한 엡워스Epworth에서 성공회 사제인 사무엘 웨슬리와 어머니 수산나 사이에서 19남매 중 15번째로 태어났다. 형제자매만으로 축구팀이 되고도 남을 19남매라니! 2022년 평균 출산율 0.78명으로 경제협력개발기구OECD 38개 회원국가 중 유일하게 1명 이하로 꼴찌인 우리에게는 비현실적인 이야기처럼 들린다.

[그림1]은 웨슬리가 태어난 생가로, 꼭대기 다락방을 포함하여 3층으로 이루어진 건물이다. 지금은 존 웨슬리 박물관으로 운영되고 있는 이곳 '옛 목사관'Old Rectory에서 존은 부모와 많은 형제자매와 더불어 왁자지껄 생활했다. 이곳을 방문하면 어린 시절 존이 어떤 가정환경에서 어떻게 교육을 받고 자랐는지 확인할 수 있다. 오늘날의 표현으로, 존은 전형적인 '목회자 자녀'PK였다.

어린 존이 이 집에서 겪은 가장 큰 사건은 만 여섯 살이 채 되지 않았던 1709년 2월 9일 발생한 화재였다. 한밤중 화재를 발견한 아버지 사무엘은 고함을 지르고 가족들을 깨워 밖으로 대

[그림1] 웨슬리가 태어난 생가. 지금은 존 웨슬리 박물관으로 운용되고 있는 이곳 '옛 목사관'(Old Rectory)에서 존은 부모와 많은 형제자매와 더불어 왁자지껄 생활했다 감리교의 창설자라 불리는 존 웨슬리는 복음전도자, 사회운동가, 교회개혁자, 부흥사, 신학자, 이 모든 호칭에 어울리는 인물이다.

피했으나 워낙 식구가 많아 존이 집안에 있다는 사실을 뒤늦게야 깨달았다. 다행히 인간 사다리를 만들어 겨우 존을 창밖으로 꺼낼 수 있었다. 그때 수산나는 웨슬리를 보며 "하나님이 장차 이 아이를 영혼의 불쏘시개로 사용하시려고 구해주신 것이다"라고 말했고, 웨슬리는 이후 평생 자신은 하나님의 일을 위해 '타는 불에서 꺼낸 부지깽이' 같은 사람이라고 생각했다. 훗날 웨슬리가 폐병으로 죽음을 직감했을 때, 그는 1753년 11월 26일 일기에 자신의 묘비에 기록할 유언을 남겼다.

"여기 존 웨슬리의 육신이 잠들다. 타는 불에서 꺼낸 부지깽이 같은 그가 나이 51세에 폐병으로 죽다. 하나님이시여, 비오니 이 무익한 종을 긍휼히 여겨 주옵소서!" 다행히 웨슬리는 화재와 병마에서 살아남아 '사도 시대 이후 가장 강력한 설교자 가운데 한 사람'이라 평가받는 역사의 인물이 되었다.

엡워스에는 존의 생가 외에도 아버지 사무엘이 목회했던 세인트앤드류 교회와 사무엘의 묘지가 있다. 존은 이 교회에서 세례를 받았고, 후일 아버지의 무덤 위에서 복음을 전하며 설교하기도 했다. 그리고 가까이에 1889년 완성한 웨슬리기념교회와 2003년 웨슬리 탄생 300주년을 기념하여 세운 그의 청동상 등 곳곳에 존 웨슬리와 관련이 있는 유적들이 남아있다.

[그림2]는 런던 올더스게이트 거리에 위치한 존 웨슬리 회심 기념비이다. 런던박물관 앞에 있어 찾기 어렵지 않다. 존은 런

[그림2] 런던 올더스게이트 거리에 위치한 존 웨슬리 회심 기념비. 웨슬리는 1735년 10월 미국의 조지아로 선교 여행을 가던 중 바다에서 폭풍을 만났다. 그때 모라비아 교도들의 확신에 찬 신앙을 보고 큰 감동을 받았다. 그가 결정적인 회심을 하게 된 것도 1738년 5월 24일 런던 올더스게이트 거리에서 있었던 모라비아 교도들의 모임에서였다.

던의 차트하우스와 옥스퍼드의 크라이스트처치에서 공부한 후 1725년 성공회 부제로, 1728년 성공회 사제로 안수를 받았다. 1729년에는 동생 찰스 웨슬리가 시작한 '신성클럽'Holy Club 지도자로서 성경을 읽고 기도와 금식에 힘쓰며 사회적 약자를 방문하고 돕는 일에 헌신하였다. 그러다가 1735년 10월 미국의 조지아로 선교 여행을 가던 중 바다에서 폭풍을 만났을 때 모라비아 교도들의 확신에 찬 신앙을 보고 큰 감동을 받았다. 그가 결정적인 회심을 하게 된 때도 1738년 5월 24일 런던 올더스게이트 거리에서 있었던 모라비아 교도들의 모임에서였다.

회심 기념비에는 웨슬리의 그날 일기가 새겨져 있다. "나는 저녁에 별로 내키지 않는 걸음으로 올더스게이트 거리에 있는 한 집회에 참석하였다. 그때 거기에서 한 사람이 루터의 로마서 서문을 읽고 있었다. 8시 45분경 그가 그리스도 안에 있는 믿음을 통하여 하나님께서 마음에 변화를 일으키시는 일을 설명하고 있을 때, 나는 내 마음이 이상하게 뜨거워짐을 느꼈다." 기념비가 불꽃 모양을 하고 있는 이유도 웨슬리의 이 고백에서 비롯된 것이다. 어떤 의미에서 바로 이 회심의 장소가 감리교회가 탄생한 곳이라 할 수 있을 것이다. 비록 존은 평생 성공회를 떠나지 않았지만, 사실상 성공회를 개혁하는 감리교회가 이날 이곳에서 시작되었다. 여섯 살 화마에서 건짐을 받았던 부지깽이가 서른다섯 살 성령의 뜨거운 불길에 사로잡힌 하나님의 도구가 되었다.

온 세계가 나의 교구입니다

웨슬리를 이야기할 때면 으레 등장하는 '온 세계가 나의 교구입니다'라는 표어는 회심 후 1739년 3월 28일 그가 쓴 편지에 나오는 표현이다.

"나는 온 세계를 나의 교구로 생각하고 있습니다. 즉 구원의 복음을 즐겨 들으려고 하는 사람들에게 전도한다는 것은 바른 일이며, 또 나의 고귀한 책임이기 때문에 어떤 곳이든 찾아가야 한다고 생각합니다. 이것을 위해 하나님께서 나를 부르셨고, 나에게 이러한 은혜를 주셨다고 믿습니다."

이후 웨슬리는 자신의 표현 그대로 온 세계에 복음을 전하려는 듯 순회 설교자의 삶을 살았다. 그는 평생 약 25만 마일(40만 킬로미터)의 거리를 여행했다고 전해진다.

[그림3]은 1739년 5월 9일 영국 브리스톨에 세워진 최초의 감리교회인 '뉴룸'New Room에 있는 존 웨슬리의 기마상이다. 브리스톨은 1740년대와 1750년대 존 웨슬리의 복음 사역의 근거지였다. 실제 웨슬리는 말을 타고 사방으로 복음을 전하러 다녔다. 어떤 때는 말에서 떨어져 크게 다치기도 하였다. 환갑을 훌쩍 넘긴 1765년 12월 18일자 웨슬리의 일기에는 "말을 타고 시내를 가고 있는데 말이 넘어지면서 그만 내 발이 말 아래 깔리게 되었다. 어떤 신사가 뛰어나와 나를 도와 꺼내 주었다. 오른

[그림3] 1739년 5월 9일 영국 브리스톨에 세워진 최초의 감리교회인 '뉴룸'(New Room)에 있는 존 웨슬리의 기마상. 웨슬리는 말을 타고 사방으로 복음을 전하러 다녔다.

팔과 가슴과 발과 발목에 심한 타박상을 입어 매우 많이 부었다"라고 적혀 있다.

일흔을 넘긴 웨슬리가 소개하는 자신의 건강 비법은 흥미롭다. 그는 1774년 6월 28일 일기에서 이렇게 말한다.

"오늘은 내 생일이며, 72세를 맞는 첫 번째 날이다. 어떻게 내가 30년 전과 같은 힘을 가지고 있을 수 있는지 생각해봤다. 오히려 그때보다도 시력이 상당히 좋아졌고 신경도 강해졌다. 좋은 방법이 있다면, 첫째는 50년 동안 계속해서 새벽 4시에 기상한 일, 둘째는 대체로 아침 5시에 설교한 일인데 이는 세상에서 가장 좋은 건강법이다. 그리고 셋째는 바다와 육지로 적어도 1년에 4,500마일(7,250킬로미터) 이상 선교 여행한 일이다."

말을 타고 온 땅을 누비며 복음을 전하는 존 웨슬리의 모습이 우리에게 색다른 감흥을 선사한다.

'존 웨슬리 채플'이라고 불리는 뉴룸은 영국 성공회의 화려한 치장과 달리 소박한 단아함이 돋보이는 건물이다. 뉴룸에는 창문이 없다. 당시만 해도 성공회의 박해가 심해 창문으로 돌을 던지는 사람들이 많았기 때문이다. 대신 천장과 설교단 뒤편의 채광창을 통해 빛이 자연스레 들어와 내부가 그리 어둡지는 않다. 뉴룸 앞쪽에서 존 웨슬리의 기마상을 볼 수 있다면, 뒤쪽에서는 손 들고 복음을 전하는 존의 동생 찰스 웨슬리 입상과 만날 수 있다.

[그림4] 웨슬리의 런던 선교 본거지였던 '웨슬리 채플.' 그의 흔적을 만나기 위해 방문해야 할 가장 중요한 장소이다. 정문으로 들어서면 한 손에는 성경을 들고 다른 손은 벌려서 앞으로 내밀며 축복하는 것 같은 웨슬리의 동상이 보인다. 동상 받침대에는 '온 세계가 나의 교구입니다'라는 그의 좌우명이 새겨져 있다.

[그림4]는 런던의 시티로드 49번지에 위치한 '웨슬리 채플' 이다. 웨슬리의 런던 선교 본거지였던 이곳은 그의 흔적을 만나기 위해 방문해야 할 가장 중요한 장소다. 이전에 '파운드리 채플'Foundry Chapel이라 불리던 것을 1778년 새롭게 건축했고, 1779년 이곳에서 영국 감리교회 최초의 연회가 개최되기도 했다. 정문으로 들어서면 한 손에는 성경을 들고 다른 손은 벌려서 앞으로 내밀며 축복하는 것 같은 웨슬리 동상이 보인다. 동상 받침대에는 '온 세계가 나의 교구입니다'라는 그의 좌우명이 새겨져 있다.

옥스퍼드 성(城) 감옥

웨슬리는 영국의 사회와 경제의 문제에 대해 예리한 비판을 아끼지 않았다. 예언자적인 자세로 사회와 경제 부조리의 원인을 지적하고 해결 방법을 구체적으로 제시하였다. 그는 빈곤의 원인이 게으름 때문이라고 말하는 것은 사악하고 악마적인 거짓말이라고 반박하면서, 가난과 실업은 사회적 불평등 체제의 결과라고 말했다. 그리고 웨슬리는 노예 해방을 주장하였다. 그는 노예제도를 "모든 사악함의 총합체"라고 규탄하였고, 1791년 2월 24일 당시의 저명한 정치인 윌리엄 윌버포스(William Wilberforce)에게 편지를 보내 노예폐지 운동을 적극적으로 실천하도록 강한 어조로 권면하였다. "하나님의 이름으로, 하나님의 능력과 권능으로 나가시오. 인류의 역사가 태양을 본 이래 가장 사악한 악(惡)인 노예제도가 영국과 미국에서 사라질 때까지 투쟁하시오!" 웨슬리는 개인, 가족, 단체, 군부대, 장애우, 집 없는 사람, 광산노동자, 공장노동자, 항만노동자, 농민, 병자 등 다양한 종류의 가난한 사람들을 찾아가 만나고 돌보고 그들에게 복음을 전했다. 웨슬리는 대부분 가난한 이들이 감옥에 가는 현상을 주목하고 옥스퍼드의 신성구락부(Holy Club) 시절부터 감옥 방문을 계속하였다. 웨슬리의 신성구락부(Holy Club) 출발점이 되었다는 이 옥스퍼드 성(城) 감옥은 그가 죄수들에게 복음을 전하며 성결운동을 전개했던 역사의 현장이다.

설교단

첫 야외설교지였던 영국 브리스틀의 한함마운트 언덕(Hanham Mount)의 설교단은 노동자들과 약자들을 상대로 설교했던 곳인데 지금은 주택들로 둘러싸여 있다. 그의 설교를 듣기 위해 수백명, 많게는 1만 5천명이 몰려왔다고 한다. 여기에서 영적각성운동이 시작되었다. 웨슬리와 감리교회는 영국 노동자들의 끔찍한 상황을 보고 노동운동을 세계 최초로 시작했다. 산업혁명의 진행에 따라 도시 빈민 노동자들의 인권 문제가 발생하자 이를 해결하기 위해 세계 최초로 노동조합을 만들었다. 단상에는 구약성서 이사야 52장 7절의 말씀이 새겨져있다. "놀랍고도 반가워라! 희소식을 전하려고 산을 넘어 달려오는 저 발이여! 평화가 왔다고 외치며, 복된 희소식을 전하는구나. 구원이 이르렀다고 선포하면서, 시온을 보고 이르기를 '너의 하나님께서 통치하신다' 하는구나." 그리고 설교단 바닥에는 '세계는 나의 교구다'라는 웨슬리의 문구가 새겨져 있다.

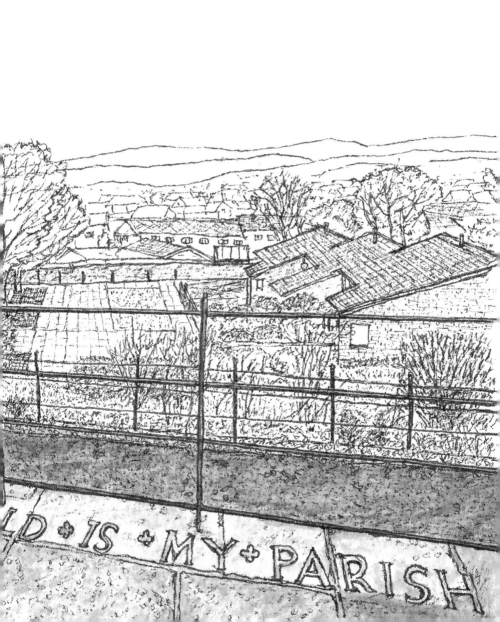

웨슬리 채플 내부로 들어서면 성경과 웨슬리 이야기를 담고 있는 19개의 스테인드글라스가 아름다운 예배당 분위기를 연출하고, 2층 회랑에는 만국기가 걸려있다. 설교단 뒤편에는 3개의 판이 있는데, 좌우 판에는 예수님이 말씀하신 가장 큰 계명이 나뉘어 기록되었다. 하나는 하나님을 사랑하라는 말씀이고, 다른 하나는 네 이웃을 네 몸과 같이 사랑하라는 말씀이다. 중앙 판에는 사도신경이 있다.

웨슬리 채플을 바라보았을 때 왼쪽에는 '파운드리 채플'이, 오른쪽에는 4층 건물의 '웨슬리 하우스'가 있어 그의 일상을 엿볼 수 있다. 또한 웨슬리 채플 지하에는 1984년 개관한 '감리교 박물관'이 있다. 채플 뒷마당에는 웨슬리 무덤이 있고, 채플 길 건너편 '번힐필드'에는 어머니 수산나 무덤이 있다. 존 웨슬리가 죽기 전 마지막으로 남긴 유언 "가장 좋은 것은 하나님이 우리와 함께 계심이다"The best of all is God is with us는, 그가 어떻게 그토록 많은 일을 할 수 있었는지에 대한 답이 될 것이다.

"내가 말한 모든 것은 하나님의 영광을 위한 것이며,
그리스도의 나라와 양심의 유익을 위한 것이다."
- 츠빙글리

한국교회를 일깨우는 작은 등불이 되기를…

우리나라 교회 그림에 이어 유럽에서 종교개혁을 주도한 발도, 후스, 루터, 츠빙글리, 칼뱅, 녹스, 슈페너, 웨슬리의 신앙과 신학의 가치를 공유하고자 붓펜담채화로 그림을 그렸습니다.

이 그림을 그릴 수 있었던 것은 전적으로 종교개혁에 대한 깊은 식견으로 여러 저서를 냈고 수차례 신학생들을 인솔하여 현장에 갔던 장신대 박경수 교수님 덕분입니다. 귀한 사진들을 제게 주시고 제 그림에 대한 글을 써주셨기에 월간 「복음과 상황」에 1년간 연재할 수 있었고 이제 책으로 출간하게 되었습니다.

저는 백년 이상 역사를 품은 한국교회를 그리고 교회 역사를 소개한 글들을 모아서 작년 4월에 『그림; 교회, 우리가 사랑한』으로 펴냈습니다. 한국교회가 아름다운 과거에서 미래의 새로운 좌표를 발견하면 좋겠다는 염원으로 역사적, 영적 가치를 지닌 백년 이상 된 교회들을 중심으로 붓펜담채화로 작업한 것입니다. 뜻밖에 이 책에 대한 관심과 지지가 많은 것을 보고 다시 용기를 내었습니다.

2021년 코로나가 한창이던 시절, 사회적 신뢰가 날로 추락하는 한국교회를 참담한 마음으로 바라보며, 한국교회가 바르게 일어서려면 우리 그리스도인들에게 개혁신앙의 본질과 가치를 제공하는 것이 소중하다는 생각이 들었습니다. 더 친밀하게 다가서기 위해 깊이 있는 박경수 교수님의 글에 제 그림을 넣은 것입니다.

그림을 그리면서 제일 감동을 받았던 것은 존 녹스와 장 칼뱅의 무덤이었습니다. 그들은 오로지 하나님께만 영광을 돌리고자 주차장과 일반 공동묘지에 표지석도 없이 묻혔습니다. 그리고 독일 콘스탄츠의 좁은 감옥에 갇혔다가 화형에 처해진 후스와 피신한 바르트부르크성의 작은 방에서 갈등하고 기도하며 성서를 번역한 루터의 고뇌가 가슴에 와 닿았습니다.

또한 발도파 신도들이 피신중에도 신앙을 견지하고자 숨죽이며 예배드린 해발 1,000미터의 알프스 산속 지하바위 동굴교회의 기억이 생생하게 떠올랐습니다. 크리스챤아카데미 원장 시절, 종교개혁 500주년을 앞두고 2016년 한겨레신문사와 공동으로 기획한 유럽종교개혁유적지 답사에서 박경수 교수님의 안내로 찾아갔던 현장이었습니다.

> "…그토록 강렬하고 집요한 악의 정신이 지배해도
> 자기 영혼을 잃지 않고 희미한 등불로 서있는 사람
> 어디를 둘러보아도 희망이 보이지 않는 시대에

무력할지라도 끝끝내 꺾어지지 않는 최후의 사람

　　최후의 한 사람은 최초의 한 사람이기에
　　희망은 단 한사람이면 충분한 것이다…"

　박노해 시인이 시 〈그러니　그대 사라지지 말아라〉에서 노래한 것처럼, 교회가 타락한 시대에 종교개혁가들이 최후의 심정으로 켜든 작은 등불이 교회와 세상에 희망을 잉태했습니다. 부족한 책이지만 공공성을 상실하고 번영신학, 성공주의 신앙, 개교회주의에 사로잡힌 한국교회를 일깨우는 작은 등불이 되길 간절히 소망합니다.
　끝으로 다시 한 번 박경수 교수님에게 고마움을 표하며, 녹록치 않은 출판시장에서 정성을 다하여 책을 만드신 한종호 목사님께 감사드립니다. 「복음과 상황」에서 글과 그림을 편집했던 정민호 기자님과 늘 응원해준 아내와 두 딸에게도 고마움을 전합니다.

2023년 10월 종교개혁기념일을 앞두고

이근복

"경건한 그리스도인이여! 그대는 진리를 찾아 나서고, 진리를 듣고, 진리를 배우고, 진리를 사랑하고, 진리를 말하고, 진리를 지키고, 죽기까지 진리를 증언하십시오"

- 얀 후스

"나는 하나님의 말씀을 이용하여 개인적 이익을 취한 일이 없고, 인간을 만족시키고자 애쓴 적도 없고, 나 개인이나 다른 이들의 정욕을 만족시킨 일도 없으며, 단지 내게 허락하신 은사를 성실하게 사용하여 내가 감독한 교회의 덕을 세우려고 노력했을 뿐입니다."

- 존 녹스